Jutta Hausmann
Rut

Biblische Gestalten

Herausgegeben von
Christfried Böttrich und Rüdiger Lux

Band 11

EVANGELISCHE VERLAGSANSTALT
Leipzig

Jutta Hausmann

Rut

Miteinander auf dem Weg

EVANGELISCHE VERLAGSANSTALT
Leipzig

Die Deutsche Bibliothek – Bibliographische Information

Die Deutsche Bibliothek verzeichnet diese Publikation in der
Deutschen Nationalbibliographie; detaillierte bibliographische
Daten sind im Internet über <http://dnb.ddb.de> abrufbar.

© 2005 by Evangelische Verlagsanstalt GmbH, Leipzig
Alle Rechte vorbehalten
Printed in Germany • H 6961
Gedruckt auf alterungsbeständigem Papier
Umschlaggestaltung: behnelux gestaltung, Halle/Saale
Satz: Evangelische Verlagsanstalt GmbH
Druck & Binden: druckhaus köthen GmbH

ISBN 3-374-02278-2
www.eva-leipzig.de

INHALT

VORWORT

Ein Jahrzehnt Arbeiten und Leben als Pendlerin ›zwischen den Welten‹, zwischen Deutschland und Ungarn, macht sensibel für die Probleme des Wechselns von einem Kulturkreis in den anderen. Die Auseinandersetzung mit Rut wurde so weit mehr als nur eine wissenschaftliche. Dem für das Alte Testament zuständigen Herausgeber, Rüdiger Lux, sei Dank dafür, dass er mit seiner Autorenanfrage den Anstoß dazu gegeben und durch viele Gespräche am Zustandekommen des Buches Anteil genommen hat. Das im Sommersemester 2002 gemeinsam mit der Doktorandin Eszter Andorka gehaltene Seminar zum Thema Ruth und Isebel hat manche Impulse gebracht und in vielen Gesprächen etwas von der Solidarität und der darin liegenden Eröffnung von Zukunft spüren lassen, von der auch in diesem Buch so viel die Rede ist. Dass durch eine fremde Hand Eszters Leben ein gewaltsames Ende fand und so dieses Miteinander plötzlich abgebrochen wurde, überschattete das weitere Arbeiten erheblich und gibt der Freude über das fertige Werk auch eine dunkle Seite.

Viele haben das Werden dieses Bandes begleitet, von denen einige besonders genannt und damit auch bedankt werden sollen: Mein Mann Gerhard hat geholfen, ein reichhaltiges Bildmaterial zusammenzutragen, von dem nur ein kleiner Teil Eingang in dieses Buch gefunden hat. ›Meine‹ Studentinnen Petra Körmendy und Petra Verebics haben die Mühe des Korrekturlesens auf sich genommen. Die Kollegen István Karasszon und Tamás Lichtmann halfen in manchen müden Phasen durch klärende Gespräche, den Faden und die Lust nicht zu verlieren. Elisabeth Schwarz in Wien hat auf die Darstellung von Anni Seifert aufmerksam gemacht und diese auch zur Verfügung gestellt. Annette Weidhas trägt mit ihren Mitarbeiterinnen und Mitarbeitern von Verlagsseite her die Sorge für das Erscheinen des Bandes. So ist das Entstehen dieses Buches selbst in vielem zu einer Widerspiegelung der im Buch Rut niedergeschriebenen Erfahrungen geworden.

Um den Leserinnen und Lesern die Anteilhabe an diesen Erfahrungen zu erleichtern, wurden dort, wo die Aufnahme hebräischer Begriffe unverzichtbar erschien, diese in vereinfachter, phonetisch orientierter Umschrift wiedergegeben. Der Gottesname erscheint in Anlehnung an die jüdische Tradition und im Respekt vor dieser in der Form des Tetragrammes JHWH, das als Adonaj ausgesprochen werden kann. ›Respekt vor dem Anderen‹ ist einer der Leitgedanken, der sich durch das biblische Buch Rut zieht. Und so soll die Lektüre meines Bandes auch erneut zur Auseinandersetzung mit diesem zentralen jüdisch-christlichen Wert herausfordern.

Budapest und
Bad Neustadt an der Saale
im Oktober 2004   Jutta Hausmann

A EINFÜHRUNG

1. Die Wiederentdeckung des ›Büchleins‹ Rut

Rut – das ist doch die, die etwas mit einem Mann hatte, was nicht ganz dem Üblichen entsprach? So oder ähnlich sind Reaktionen zu erleben, wenn in nicht ganz bibelfesten Kreisen die Rede auf die Rut-Erzählung kommt. Bei mehr Kenntnis weiß man noch etwas über Naomi oder darüber, dass da doch noch etwas mit Ährenlesen auf dem Felde war. Geprägt sind die Erinnerungen an Rut anscheinend vorwiegend eher durch das, was in der Rezeption durch die Kunst sichtbar vor Augen ist als durch eine ernsthafte Auseinandersetzung mit dem Rut-Buch. Das gehört zumeist weder zum schulischen Curriculum noch findet es Eingang in die regelmäßige Sonntagspredigt oder -lesung. In den letzten Jahrzehnten jedoch hat die Erzählung über Rut eine geradezu rasante Renaissance erlebt. Frauen begannen, sich selbst in Rut oder auch Naomi wieder zu entdecken, ihre Abhängigkeiten von gesellschaftlichen Strukturen, aber auch Möglichkeiten, diesen zu entgehen, neue Lebensformen und -gestaltungen zu entwickeln und mutig andere, unvertraute Wege zu gehen. In den Auslegungen der Gegenwart beginnen auch Männer, sich auf diese ungewohnten Denkmuster einzulassen und im Buch Rut sehr viel mehr Aufregendes zu entdecken als vor allem eine angenehme, freundliche, wohltuende Erzählung.

Frauen und Männer sehen ihr eigenes oder auch fremdes Leiden in den vielen Transformations- und Migrationsprozessen unserer Zeit gespiegelt, den Herausforderungen mit ihren Enttäuschungen, aber auch vielen Anlässen zur Hoffnung. Nach den großen Zusammenbrüchen des 20. Jahrhunderts kann gerade die Gestalt der Rut zur Gesprächspartnerin bei der Suche nach veränderter und doch bewahrter Identität werden, in den Fragen nach Möglichkeiten und Grenzen multikulturellen Zusammenlebens, nach den Chancen eines neuen Anfangs angesichts des grenzenlos erscheinenden Nichts. Im Buch Rut scheint vordergründig die Frage nach der persönlichen Identität eine Rolle zu spielen. Am Ende des Buches wird in der Genealogie deutlich die kollektive Identität thematisiert. Bei genauerem Hinsehen entdeckt man, dass die beiden Aspekte aber auch schon vorher klar aufeinander bezogen sind. Eine für Zwischentöne des Buches offene Lektüre erkennt sehr schnell, dass auch die Partien, die die kollektive Identität nicht offensichtlich zur Sprache bringen, sie doch als *heimliches* Thema in sich tragen.

Das wachsende Unbehagen angesichts des immer größer werdenden Auseinandergehens der so viel zitierten ›Schere‹ im sozialen Gefüge unseres eigenen Umfeldes, der Länder Europas, der Länder der Welt, bekommt durch die bewusste Lektüre der Rut-Erzählung eher neue Nahrung, als dass es abnimmt. Aber es könnte – so wie es auch schon hin und wieder bei einzelnen Auslegenden geschehen ist – ein konstruktives Unbehagen werden.

Je mehr man sich auf die Erzählung, noch mehr auf die Gestalt der Rut, einlässt, umso weniger klar erscheint das Bild. Als hätte hier jemand mit Themen und Formen gespielt, um immer wieder neu herauszufordern, immer noch einmal das Nachdenken anzustoßen. Manch eine(n) hat das Buch so in den letzten Jahren nicht mehr losgelassen – es könnten noch mehr werden ...

2. Ein Gang durch die Rut-Erzählung

Die biblische Rut-Erzählung beginnt mit der Auswanderung Elimelechs, seiner Frau und ihrer beiden Söhne aus Bethlehem in Juda, um den desolaten wirtschaftlichen Folgen einer Hungersnot in Bethlehem zu entfliehen und sich in Moab eine neue Existenz aufzubauen. Dies gelingt zunächst auch. Durch die Eheschließung der beiden Söhne mit den moabitischen Frauen Orpa und Rut bekommen sie sogar Anteil an der moabitischen Gesellschaft. Was in den ersten fünf Versen so einfach und knapp mit wenigen Worten geschildert wird, ist jedoch nicht ohne Brisanz. Moab gehört nicht gerade zu den Lieblingsnachbarn Israels, erwiesen sich doch die Moabiter nach 5. Mose 23,5 als Menschen, die Israel nach seinem Auszug aus Ägypten und auf seinem Weg in das verheißene Land Unterstützung verweigerten. Sie fallen im Gesetz des 5. Buches Mose unter das Verdikt, keine Aufnahme ins Gottesvolk erhalten zu können (5. Mose 23,4). Moab, das Herkunftsland Ruts, wird im Rut-Buch jedoch bereits von Anfang an zu einer positiv bestimmten Größe, die sich vor allem dadurch auszeichnet, dass sie israelitischen Zuwanderern die Existenz ermöglicht, für die sie in ihrer Heimat keine Grundlage mehr finden. Moab, das im Alten Testament an anderen Stellen als Symbol für Verweigerung von Brot begegnet, wird im Gegenzug zu Bethlehem, dessen Name – in der deutschen Übersetzung *Haus des Brotes* – eigentlich eine Fülle von Brot erwarten lässt, zu dem Ort, an dem für die Hungerflüchtlinge aus dem Haus des Brotes der Hunger ein Ende findet. Mit einer gewissen Ironie wird hier also gleich am Anfang das gewohnte Bild über das Verhältnis Israels zu seinem Nachbarn einer Korrektur unterzogen.

Elimelech und seine Söhne werden als Ephratiter gekennzeichnet (1,2), eine Bezeichnung, die von dem hebräischen Verb *parah* (fruchtbar, produktiv sein) abgeleitet ist. Auch diese so ausdrucksvolle Bezeichnung verkehrt sich in ihr Gegenteil, denn die Ermöglichung und Weitergabe von Leben wird durch den Tod der Männer jäh abgebrochen, ohne dass vorher Nachwuchs gezeugt wurde. Die Ironie der Situation ist auch hier nicht zu übersehen: Die Menschen, deren Herkunft ein für seine Fruchtbarkeit bekannter Stamm bzw. Gegend ist, fliehen vor der Brotlosigkeit in eine Region, die ihnen – allen Vorurteilen zum Trotz – Brot bietet, und enden dann doch in Unfruchtbarkeit und Tod. Der Tod der Männer wird im alttestamentlichen Text mit keinem Wort als Strafe interpretiert, sondern nur als Faktum konstatiert. Von daher ist es auch problematisch, ihn als Reaktion Gottes auf einen von ihm nicht gut geheißenen Aufenthalt auf moabitischem Gebiet zu verstehen.[1] Der weitere Verlauf der Erzählung zeigt im Gegenteil, dass hier eine bewusste erzählerische Komposition vorliegt und der Weg nach Moab unverzichtbarer positiver Teil der Erzählabsicht ist.

Die Katastrophe, die sich für Naomi und ihre Schwiegertöchter, die ohne Mann und Kinder zurückbleiben, aus dem Tod der Männer ergibt, kann man sich nicht groß genug vorstellen. Ohne männlichen Bezugspunkt in einer patriarchal strukturierten Gesellschaft übrig zu bleiben, bedeutet einerseits, dass die zum rein physischen Überleben notwendige Versorgung – für Naomi noch dazu in einem fremden Land – nicht mehr gesichert ist, zumal Naomi deutlich

---

1   So Kristeva, 79 f.: »Die Strafe Gottes, die ein solches Verrat bedeutendes Exil trifft, ist deutlich und schwer, aber doch auch voller Ambiguität, wie der weitere Verlauf der Geschichte zeigt.«

darauf hinweist, dass keine Aussicht mehr bestehe, ihre beiden Schwiegertöchter im Rahmen einer so genannten Leviratsehe zu versorgen. Nach den Leviratsbestimmungen von 1. Mose 38 bzw. 5. Mose 25,5–10 tritt im Fall eines kinderlos verstorbenen Ehemannes dessen Bruder an seine Stelle und heiratet die Witwe, um so innerfamiliär das Problem des ausgebliebenen Nachwuchses zu lösen. Das erste aus der neuen Verbindung hervorgehende Kind gilt als das des Toten. Dieser wie seine Witwe haben allerdings keinen Rechtsanspruch auf diese Praxis, sie ist nur eine Ermöglichung der Fortsetzung von Leben bzw. der Erinnerung an den verstorbenen Mann. Darüber hinaus besteht mit dem Tod der Männer die Gefahr des Identitätsverlusts, da eine Identitätsbestimmung ohne die männliche Seite (Vater, Ehemann, Sohn) für eine Frau in der damaligen patriarchalen Gesellschaftsstruktur nahezu unmöglich war. Wie sehr die Orientierung am Mann auch in dem doch so offensichtlich von der Frauenperspektive geprägten Rut-Buch sich auswirkt, zeigt der Hinweis Naomis darauf, dass sie nicht mehr im gebärfähigen Alter sei und, selbst wenn sie noch Söhne gebären könne, diese nicht rechtzeitig für Orpa und Rut zum Ehemann heranwachsen würden. Naomi bringt mit dem Gedanken der Versorgung der Witwen durch das Levirat, der sonst in den alttestamentlichen Texten nicht begegnet, zwar eine weibliche Perspektive ein, aber auch diese bleibt nur eine Eventualität ohne jede Aussicht auf Realisierung.

Die Wende setzt mit Rut 1,6 ff. ein und vollzieht sich mit dem Verlassen des Landes Moab, also einem Ortswechsel. Mit diesem Übergang korrespondiert der Wechsel von der reinen Erzählform zum Dialog. Naomi, Orpa und Rut übernehmen darin zunächst zwangsläufig die führende Rolle als die allein gebliebenen Frauen. Es zeigt sich jedoch sogleich, dass diese Frauen sehr schnell zu eigenständig lebenden und agierenden Größen werden, die sich nicht länger über ihre Männer definieren. Naomi tritt als Handelnde an die Stelle Elimelechs, Orpa und Rut an die Stellen von Machlon und Chiljon.

Abb. 1: Naomi und ihre Schwiegertöchter

Naomis Entscheidung angesichts hoffnungsvoller Nachrichten aus der Heimat zur Rückkehr nach Bethlehem wird zur Herausforderung für die beiden moabitischen Frauen, sich die Frage nach ihrer eigenen Zukunft und damit auch ihrer eigenen Identität zu stellen. Während Orpa sich zum Bleiben im ihr vertrauten Moab entschließt und damit für eine Existenz in einem für sie absehbaren Rahmen, trifft Rut die Entscheidung für eine radikale Veränderung und schließt sich Naomi an. Auffallend ist, dass die Erzählung kein kritisierendes Wort über Orpa findet. Ihre Entscheidung zum Bleiben in Moab und damit für ihre moabitische Kultur und Religion wird in aller Selbstverständlichkeit und damit eindeutig als denkbare Lebensmöglichkeit geschildert. Im weiteren Verlauf der Erzählung kommt Orpa nicht mehr zur Sprache, das Gewicht liegt auf Naomi und Rut, wobei letztere immer mehr in den Vordergrund tritt. Im Gegensatz zu Orpa überrascht das Verhalten Ruts. Ihre Entscheidung, der Schwiegermutter in deren für sie selbst fremde Heimat zu folgen und sich damit auf eine ihr nicht vertraute Kultur einzulassen, statt in der eigenen, gewohnten Umgebung und Kultur zu bleiben, fällt völlig aus dem Rahmen des Gewohnten heraus. Ruts Entscheidung wird ebenfalls ohne eine wertende Kommentierung erzählt. Mit keinem Wort wird das Verhalten Ruts besser eingestuft als das der Orpa, wenngleich der Name ›Orpa‹ als sprechender Name[2] eine negative Konnotation enthält. Auch aus der Tatsache, dass das Buch eine Rut-Erzählung und nicht eine Orpa-Erzählung ist, darf nicht automatisch rückgeschlossen werden, dass Rut gegenüber Orpa den (moralischen?) Vorzug erhielte oder gar das Buch Rut

---

2   Dazu genauer unter B 1.1.

eine Werbeschrift zum Übertritt zur Religion Israels sei. Es wird sich noch zeigen, dass der Akzent ein ganz anderer ist.

Naomis Rede bei der Rückkehr nach Bethel zeigt noch nichts von einer wirklichen Erwartung einer zum Besseren veränderten Situation. Dass ihre Schwiegertochter mit ihr gekommen ist, erwähnt sie mit keinem Wort. Ruts Entscheidung zugunsten ihrer Schwiegermutter bewirkt noch keine Zukunftsperspektive für Naomi, die nur das Bittere ihrer Existenz sehen kann, in der sie die Gegnerschaft JHWHs gegen sich erlebt (1,21). Naomi erinnert damit an Hiob,[3] doch weder die Frauen Bethlehems noch Rut übernehmen die Rolle der nach der Ursache des Leidens forschenden Freunde im Hiob-Buch. Die Frauen verhalten sich im Gegensatz zu Kapitel 4 zurückhaltend, stumm und verzichten auf jede Deutung. Rut hingegen nimmt das aus den Fugen geratene Schicksal in die eigenen Hände und gibt ihm tatkräftig eine andere Richtung. Sie wird damit geradezu zum Kontrastmodell für die so ergebnislos fragenden Freunde Hiobs.

Es wird sehr bald deutlich, dass Rut diejenige ist, die für das Weiterleben der beiden Frauen die Hauptsorge trägt. Mit 2,2 ergreift sie definitiv die Initiative mit dem Vorschlag, Ähren auf einem Feld aufzulesen, dessen Besitzer es ihr ermöglichen wird. Rut nimmt damit das im alten Israel geltende Armenrecht (3. Mose 19,9 f.; 5. Mose 24,19–22) in Anspruch, das den Besitzlosen erlaubt, bei der Ernte das auf den Feldern liegen gebliebene Erntegut aufzulesen, und ihnen so die Möglichkeit gibt, das zum Leben Notwendigste zusammenzubringen. Rut wird in Kapitel 2 ähnlich wie die tüchtige Frau in Spr 31,10 ff. als eine Frau dar-

---

3   Dazu Zakovitch, 57.

gestellt, die sich kaum Ruhe gönnt und sich vom Morgen bis zum Abend mit großem Fleiß der Nachlese der liegen gebliebenen Ähren widmet.

Abb. 2: Rut bei der Ernte

In Kapitel 2 kommt es darüber hinaus zur ersten Begegnung mit Boas, der bereits in Vers 1 erzählerisch als Verwandter von Naomis verstorbenem Mann eingeführt wird. Mehr noch: Boas wird sogleich als Mann von Ansehen vorgestellt. Dass Rut gerade auf sein Feld gerät, sieht zunächst nach einem Zufall aus – »und es traf sich, dass dies Feld dem Boas gehörte, der von dem Geschlecht Elimelechs war« –, doch der Fortgang der Erzählung zeigt, dass sich hinter den geschilderten Zufällen das Werk JHWHs verbirgt.

Rut wird in 2,6 von den Knechten gleich doppelt als Moabiterin klassifiziert: in ihrer Volkszugehörigkeit wie auch von ihrer geographischen Herkunft her (aus dem Land der Moabiter). Boas hingegen spricht sie in 2,8 als *meine Tochter* an und verweist damit die Volkszugehörigkeit in den Bereich der Unbedeutsamkeit. Die Anrede Ruts durch Boas ist nicht Ausdruck einer Verwandtschaftsbeziehung. Sie begründet sich vielmehr aus der sozial übergeordneten Stellung des Boas, ist zugleich aber auch Ausdruck seines freundlichen Wohlwollens. Das zeigt sich auch in der Anweisung an die Knechte, dass sie Rut unangetastet lassen sollen, worin durchaus das Verbot sexueller Belästigung mitgedacht werden kann. Die zunächst sehr auffallende Fürsorge für die dem Boas eigentlich doch fremde Rut wird noch verstärkt durch das Angebot, dass Rut von dem durch die Knechte geschöpften Wasser trinken und auch Anteil an der Mahlzeit der Schnitter haben kann.

Ihre soziale Stellung bleibt damit weiterhin die einer Abhängigen. Aber sie wird *sozial erhöht*, indem sie faktisch auf eine Stufe mit den Knechten gestellt wird. Ihr eigenes Bewusstsein der Abhängigkeit findet seinen Ausdruck im sich Niederwerfen vor Boas. Auch ihre Frage nach dem Grund der erfahrenen *Gnade* ange-

Abb. 3: Einladung

sichts des Umstandes, dass sie ja eine Fremde sei, zeigt, wie sehr sie sich ihres Untergeordnetseins bewusst ist. Aus Boas' Antwort geht hervor, dass das selbstlose Eintreten Ruts für das Wohl ihrer Schwiegermutter wie auch ihre Entscheidung, das Heimatland und ihr eigenes Volk zu verlassen, für ihn den Ausschlag gegeben hat. Für den Fortgang der Erzählung gibt Boas damit die entscheidende *Optik*, die der Person Rut (im

Munde eines gewichtigen Mannes!) grundsätzlich eine positive Wertung zuspricht. Das Verlassen Moabs bekommt durch die Interpretation des Boas in 2,12 (Rut ist gekommen, um unter den Flügeln JHWHs Zuflucht zu haben) eine gewisse Nähe zur Befreiung Israels aus Ägypten, da die Formulierung an 2. Mose 19,4 und 5. Mose 32,11 Anklang hat.[4] Das ist keinesfalls zufällig, wird doch weiterhin sprachlich wie inhaltlich immer wieder ein Bezug zwischen Rut und den Anfängen Israels hergestellt.

In der Rede des Boas wird der Tun-Ergehen-Zusammenhang thematisiert, der so klar bisher weder im Zusammenhang mit dem Schicksal Naomis[5] noch dem der Rut angesprochen wurde. Dieser wird allerdings im Rahmen eines Wunsches, nicht in der Form einer Erklärung bereits erfahrenen Geschehens formuliert (2,12: der Herr vergelte dir deine Tat).

Die Schilderung des Gesprächs, das Rut am Abend mit ihrer Schwiegermutter führt, zeichnet Rut als eine Frau, die die Bedeutsamkeit der Begegnung mit Boas noch nicht erkannt hat. Erst die Interpretation durch Naomi lässt erahnen, wie entscheidend das Zusammentreffen mit Boas war. Er wird nun als naher Verwandter erkennbar, als der er – *nur* für die Lesenden – schon in 2,1 eingeführt wurde. Für Naomi zeigt sich damit in ihren Worten der erste ernstliche Hoffnungsschimmer, denn sie bringt ihn mit der rechtlichen Institution des Lösers in Verbindung. Die Einrichtung des Lösens erhält in 3. Mose 25,25.48–49 ihre Ausgestal-

---

4   Zum Aspekt der Befreiung allgemein vgl. auch Ps 17,8; 57,2; der Gedanke des Schutzes wird dann noch in Ps 36,8; 91,4 erkennbar.

5   Noch dem ihrer Familie; erst die spätere jüdische Tradition stellt hier einen Zusammenhang mit dem als verwerflich beurteilten Verlassen Israels her. Vgl. dazu C 3.

tung als Gesetzestext. In der praktischen Umsetzung ist sie in Jer 32,7 ff. zu finden, wo Jeremia in der Funktion des Lösers seinem Vetter den Acker abkauft. Hinter der Institution des Lösens steht der Gedanke, dass in einer materiellen Notlage die Auslösung durch den nächststehenden Verwandten geschehen soll, um so durch eine innerfamiliäre Handlung möglichst zu verhindern, dass Besitz zu einer nicht zur Familie gehörenden Person wechselt und somit irgendwelches Hab und Gut aus dem Familienverband herausgerät. Wenn nun Boas hier von Naomi als Löser qualifiziert wird, geschieht dies einerseits im Vorgriff auf Kapitel 4, wonach Naomi durch ihren verstorbenen Mann einen Landteil hat, der ausgelöst werden soll. Andererseits tritt endlich jemand auf die Bühne des Geschehens, dem von ihrer Seite aus eine definitive Kompetenz zur Veränderung der Situation zugedacht wird – was allerdings wiederum die patriarchale Weltsicht der Naomi unterstreicht.

Naomi erkennt ihre Verantwortung für ihre Schwiegertochter und will diese versorgt wissen. Auf ihren Rat hin begibt sich Rut eines Nachts zu Boas auf die Tenne. Der Rat an Rut ist sehr eindeutig, sehr zielorientiert und so offensichtlich von der Hoffnung auf Erfolg geprägt, dass sie eine mögliche Rufschädigung Ruts gar nicht in Betracht zieht bzw. sie in Kauf nimmt.[6] Sie unterscheidet sich darin von Boas, der

---

6　Viele haben sich in der Auslegung ausführlich mit dieser Szene auseinander gesetzt. Aus Zedlers Universallexikon von 1742 sei paradigmatisch zitiert: »Der Naemi war so wohl ihrer Schwiegertochter sonderbare Keuschheit, als des Boas gesetzte und ehrbare Art genugsam bekannt, sonst würde sie hierzu nimmermehr gerathen haben. Es lässet sich auch mehr als sicher vermuthen, dass die verlebte und abgegrämte Naemi damals kranck gelegen, und also nicht selber zu dem Boas gehen, und diese Sache nicht anbringen können, auch diese beyde

nach 3,11 betont, dass alle Ruts Tugendhaftigkeit kennen und deshalb nach 3,14 dafür sorgt, dass Rut ungesehen wieder davongehen kann. Rut signalisiert der Schwiegermutter Gehorsam, reagiert aber doch sehr selbstbestimmt und übernimmt – anders als von Naomi vorgesehen – auf der Tenne die Initiative. Sie legt sich zu Boas Füßen und bedeckt sich mit einem Zipfel seines Gewandes. In diesen Formulierungen dürfen wir weit mehr als nur das vordergründige Geschehen sehen. Die Formulierung *Beine aufdecken* in 3,7 ff. kann im Alten Testament als euphemistischer Ausdruck für die Entblößung des Geschlechts gebraucht werden (vgl. u. a. 5. Mose 23,1). 3. Mose 18,6 ff. spricht mit dem Begriff *aufdecken* über den nicht rechtmäßigen Geschlechtsverkehr.[7] Es kann bei der Formulierung jedoch auch noch ein anderer Aspekt mitschwingen, wenn man Stellen wie Hes 16,8 und 5. Mose 23,1; 27,20 heranzieht. Nach ihnen beschreibt das Werfen eines Gewandzipfels über eine Frau ein Zeichen der Heiratsabsicht. So kann in Ruts Verhalten auch der Wunsch, geheiratet zu werden, zu sehen sein.[8] Rut trägt Boas damit quasi die Ehe an.

Ferner spricht sie ihn auf seinen Platz hin an, den sie ihm im Rahmen des alttestamentlichen Rechtsgefüges im Zusammenhang mit in Not geratenen Verwandten zuweist: »Du bist der Löser« (3,9). Mit der Aufforderung an Boas, den Zipfel seines Gewandes über sie zu breiten, kommt auch wieder die sogenannte Levi-

---

verlassene Weibes=Personen niemand bekommen können, der vor sie gienge und ihre Sache ernstlich triebe, da sie zumal nur aus der Fremde kommen war; wie denn auch Ruth selbst ihre eigene Sache am besten führen, und durch diese Demüthigung den Boas bewegen konnte.« (Bd. 32, 1994)

7   So mit Fischer, Gottesstreiterinnen, 184.

8   Gerleman, 32, unter Verweis auf eine arabische Praxis in Vergangenheit und Gegenwart. Vgl. auch Campbell, Ruth, 123.

Abb. 4: Rut legt sich zu Boas

ratsehe ins Blickfeld, die schon Naomi im Gespräch mit ihren beiden Schwiegertöchtern in Kapitel 1 angedacht und als Möglichkeit verworfen hat. Boas ist zwar kein Bruder des verstorbenen Ehemannes – weder der Rut, noch der Naomi –, aber er nimmt das Ansinnen Ruts positiv auf. Ein retardierendes Moment bringt Boas jedoch in den Verlauf des Erzählfadens mit dem Hinweis auf einen noch näheren Verwandten ein, der möglicherweise gewillt ist, an seine Stelle zu treten. Kapitel 4 führt diesen auch kurz ein, allein das Phänomen, dass sein Name nicht erwähnt wird, zeigt bereits etwas von seiner Bedeutungslosigkeit. Dessen letztgültige Weigerung zur Übernahme der Rechtslösung unter Verwandten gibt den Weg frei für eine saubere, rechtlich sachgemäße Lösung durch Boas.

Der erste Teil des 4. Kapitels lässt Rut nicht auftreten, sondern es wird nur von anderen, und zwar von Männern über ihr Schicksal und damit auch über das Naomis verhandelt. Selbst die Heirat von Rut und Boas wird nicht als Geschehen erzählt, sondern klingt nur rückblickend in der Rede des Boas an (4,10: Dazu habe ich mir Rut, die Moabiterin, die Frau Machlons, zum Weibe genommen, dass ich den Namen des Verstorbenen erhalte auf seinem Erbteil) bzw. in den zusammenfassenden Worten von 4,13 (So nahm Boas die Rut, dass sie seine Frau wurde). Boas wird damit eindeutig der aktive Anteil an der Ausführung zuerkannt, nachdem die Initiative von Rut ausgegangen war.

Mit der Heirat von Rut und Boas und den dadurch in Gang gesetzten Folgen kehrt die Erzählung quasi an ihren Beginn zurück: Die materielle Versorgung ist gesichert – in Bethlehem! –, die männerlos gebliebenen Frauen werden wieder hineingenommen in die vorgegebene, durch die Beziehung von Mann und Frau geprägte Ordnung; der der Ehe entspringende Sohn hebt zugleich die Kinderlosigkeit der Rut wie auch die der Naomi auf. Die Moabiterin findet Integration in der Fremde und wird – als Ahnmutter Davids – zu einer der Säulen Israels.

B DARSTELLUNG

1. Sprachliche Gestaltung der Rut-Erzählung

Das Rut-Buch ist in der Form einer Erzählung abgefasst worden. Erzählungen wollen hineinnehmen in den erzählten Handlungsablauf, bieten Identifikation mit den auftretenden Personen an und laden ein, sich auf die erzählten Muster zur Lösung von anstehenden Fragen und Problemen einzulassen und sie zu eigenen werden zu lassen. Konstitutiv für Erzählungen sind die handelnden Personen sowie der Ort und die Zeit. Aber auch die formale Seite der Darstellung als Mittel, die Inhalte zu formen und Akzente zu setzen, wird im Folgenden Berücksichtigung finden.

1.1 Die handelnden Personen

In der Rut-Erzählung tragen die als Individuen auftretenden Personen bis auf den unbenannten Löser in Kapitel 4 durchgängig so genannte *sprechende Namen*. Namen sind Teil der Identität von Menschen. Sie dienen der Identifikation der jeweiligen Person wie auch ihrer Unterscheidung von anderen. Der Name eines Menschen kann aber auch zu dessen Definition, zu seiner Festlegung werden. Besonders sichtbar wird dies bei den so genannten sprechenden Namen, wie sie auch im Rut-Buch begegnen. Das kann am Beispiel der Orpa sehr gut aufgezeigt werden: Sie wurde durch die Interpretation ihres Namens als diejenige bekannt, die ihren Hals abwendet[1] und sich damit selbst abwendet,

---

1   ›Orpa‹ ist vom hebräischen *'oräph* = Nacken abgeleitet.

die ihre Zuwendung entzieht. Andere Züge ihrer Persönlichkeit werden gar nicht erst benannt.[2] Gleiches gilt für Machlon und Chiljon (*gebrechlich* und *schwächlich*). Der Name Machlon, der auf die Wurzel *chalah* (krank sein) zurückführbar ist, erinnert lautlich an die Krankheiten, mit denen JHWH die Ägypter vor dem Exodus geschlagen hat; sein schneller Tod unterstreicht das noch. Ähnliches signalisiert der Name Chiljon (auf die Wurzel *kalah* (zu Ende sein, dahinschwinden) zurückführbar). Ihre Namen zeichnen sie als kraftlose Personen, das schnelle Sterben wird zum Erkennungsmerkmal für ihre Existenz. Was weiter über sie gesagt wird, tritt durch die Namensgebung für die Erinnerung in den Hintergrund. So ist es auch kein Zufall, dass sie bis auf 4,9 f., wo beide noch einmal von Boas erwähnt werden, nicht mehr vorkommen.

Boas kann mit »der Starke« wiedergegeben werden. Er steht somit bereits mit seinem Namen für den Kontrast zu den beiden »Schwächlingen«. Im Verlauf der Erzählung erweist er sich als derjenige, der Rut und damit auch Naomi im Gegenüber zu den Verstorbenen die ihnen zukommende Lebenssicherung gewährleistet.

Der Name Elimelech, der nur zu Beginn des Buches begegnet, bedeutet »Mein Gott ist König«. Man könnte darin einen Anklang an theokratische Tendenzen mit der Abwehr eines irdischen Königtums sehen. Das stünde jedoch in einem klaren Widerspruch zur Gene-

---

2   Dazu Bal, 49. Vgl. auch die Erklärung im babylonischen Talmud, Sota 42b, der Orpa in Zusammenhang mit Harapa aus 2. Sam 21,18 sieht: »... einer sagt, sie hieß Harapa und wird deshalb Ôrpa genannt, weil alle sie von hinten beschliefen (eigentlich: von der Nackenseite!), und einer sagt, sie hieß Orpa wird deshalb Harapa genannt, weil alle sie wie Graupen [haripoth] stampften.«

alogie am Ende von Kapitel 4, die eine (positive) Hinführung zum Königtum Davids vollzieht. So hat der Name Elimelech seinen Hintergrund wohl eher in der Auswanderung nach Moab und ist angesichts der Begegnung mit einer anderen religiösen Kultur nahezu eine Bekenntnisaussage. Sie wird zu einer Vorwegnahme von Rut 1,16 f. (Dein Gott ist mein Gott).[3]

Der Name des Sohnes der Rut – Obed – hat im Hebräischen die Bedeutung »Knecht, Diener«. In theologischen Zusammenhängen sind es vor allem Propheten, die als Diener Gottes angesehen werden. Aus dem Buch Deuterojesaja kennen wir die Vorstellung vom Ebed JHWH, vom (erwarteten) Knecht Gottes, die Einfluss auf messianische Erwartungen genommen hat. Der Name Obed für den Sohn kann diese theologische Anreicherung im Hintergrund haben, verweist aber doch wohl zunächst darauf, dass mit seiner Geburt Rut bzw. Naomi die (Wieder-)Eingliederung in die Gesellschaft erfahren, er so zu ihrem Werkzeug und damit zu ihrem »Diener« wird.

»Naomi« bezeichnet diejenige, die Liebe und Wärme ausstrahlt. Sie begegnet jedoch zu Beginn der Erzählung kaum als eine Frau, die in ihrer Ausstrahlung ihrem Namen entspricht. So ist es kein Zufall, dass sie in 1,20 die Anrede durch ihren Namen verweigert. Der Name »Mara« (die Bittere) erscheint ihr angesichts ihrer Verbitterung angemessener. Wenn Naomi dennoch im Verlauf der Erzählung weiterhin mit ihrem Namen genannt wird, kann das als ein Hinweis darauf gelesen werden, dass Rut durch ihre Solidarität der

---

3   Im Midrasch Rut, der seine Endgestalt im 6. Jh. n. Chr. bekam, wird Elimelech von der Präposition *'äl* abgeleitet, so dass eine Übersetzung im Sinne von ›zu mir kommt der König‹ bzw. ›die Königsherrschaft‹ denkbar wäre, womit dann schon auf David angespielt wird.

Schwiegermutter die durch deren Namen angezeigte Würde zurückgibt.

Der Name Rut ist etymologisch nicht ganz eindeutig zu erklären. Der Ableitungsversuch von *re'ut* (Gefährtin, Nächste) charakterisiert sie als durch die (helfende) Beziehung zu anderen bestimmte Frau. In der Tat wird Rut zunehmend zur Gefährtin Naomis. Die Ableitung von *rawah* (satt sein, machen) interpretiert Rut als die Sättigende, Erfrischung, als Labsal und hebt vor allem darauf ab, dass durch Rut der Lebensunterhalt auch für Naomi gesichert wurde. Unabhängig von der Ableitung des Namens bleibt diesem eine eindeutig positive Konnotation. Ebenso gehen beide Varianten davon aus, dass der Name eine zwischenmenschliche Beziehung beinhaltet.[4]

Die ausbleibende namentliche Benennung des Lösers in Kapitel 4 ist kaum zufällig. Seine Funktion ist nur vorübergehend. Im Gegenüber zu den eigentlichen Protagonisten bleibt seine Zeichnung farblos. Dennoch wird er zu einer wichtigen Figur, da sein Verzicht auf die Wahrnehmung der Löserpflicht gegenüber Naomi bzw. Rut die endgültige Verbindung zwischen Boas und Rut erst möglich macht.[5] Dass er in der Erzählung als retardierendes Moment ins Spiel kommt, zeigt die Bedeutung, die ihm zugemessen wird.

---

4   Das gilt auch dann, wenn man mit Rut Rabbah 2,9 die Ableitung von *ra'ah* (sehen) vollzieht oder, wie in nicht midraschischen Texten, z. B. dem Syrischen Targum, u. a. von *re'ut*/ Freundschaft, Freundin. (vgl. Bronner, 156)

5   Vgl. auch Adele Reinhartz, 19: »Unnamed incidental characters often provide crucial links in the plot and contribute to its impact upon the reader.« Vgl. z. B. 1. Mose 37,15.17; Ri 8,14; 16,26; 1. Kön 22,34. Im Blick auf den Namenlosen im Rut-Buch äußert sich Reinhartz wie folgt: »His anonymity corresponds to his disappearance from the lives of Ruth and Boaz and from the narrative itself. This figure draws the reader through a range of emotions.« (20)

1.2 Orte der Handlung

Das Buch Rut ist bestimmt durch eine Reihe von Szenerien: u. a. auf dem Weg (zurück) nach Bethlehem, auf dem Feld des Boas, auf der Tenne, im Tor. Sie sind jedoch nicht ausführlich ausgestaltet. Was für das Verstehen wesentlich ist, wird benannt, doch das äußere Umfeld des Geschehens wie Landschaft, Menschen, Gebäude etc. werden nicht genauer geschildert. Durch die Minimalisierung der Zeichnung tritt das äußere Umfeld ganz in den Hintergrund und ist damit nicht entscheidend für den Verlauf der Erzählung. So wird von vornherein vermieden, dass die Lesenden in der Erzählung primär die Wiedergabe eines historischen Geschehens suchen. Sie werden vielmehr dahin geführt, stärker auf das Paradigmatische des Erzählten zu achten. Von wesentlich größerer Bedeutung sind deswegen auch die *Orte der Handlung*. Bethlehem gibt als immer wiederkehrender Ort dem Buch Struktur und spielt als solcher eine besondere Rolle. Die Reihenfolge der Orte ›Bethlehem – Moab – Bethlehem – (Gersten-)Feld – Bethlehem – Tenne – Bethlehem – Stadttor – Bethlehem‹ unterstreicht diese Bedeutung noch. Bethlehem ist *der* zentrale Ort des Buches. Mit seiner Betonung wird bereits die am Ende stehende Genealogie Davids vorbereitet, da dessen Heimatort nach 1. Sam 16,1.4.18; 17,12.15 Bethlehem ist.[6]

Moab ist in der Häufigkeit des Vorkommens gegenüber Bethlehem von untergeordneter Bedeutung. Die Konsequenz jedoch, mit der die moabitische Herkunft der Rut betont wird, zeigt, dass Moab als Gegenpol zu Bethlehem gebraucht wird, um die Besonderheit des

---

6   Was wiederum als Hinweis auf die Ursprünglichkeit der Genealogie gewertet werden kann.

Abb. 5: Bethlehem

Geschehens um Rut so deutlich wie möglich heraus-
stellen zu können. Dies geschieht vor allem auf der
Ebene des Verhaltens, durch das die Moabiter, von denen man es am wenigsten erwartet, zu denjenigen
werden, die Israel Leben geben und erhalten – noch
dazu vor allem in Gestalt einer Frau.[7] Die religiöse
Ebene bleibt nach der von Rut formulierten Entscheidung in 1,16 f. formal eher unberücksichtigt, spielt
aber im Hintergrund durchgängig mit.

1.3 Die Zeit der Erzählung

Zu Beginn des Buches wird die Erzählung in der Richterzeit verankert. Dem korrespondiert die Genealogie
am Ende, die mit der Zahl der Generationen bis zur
Geburt Davids eine ähnliche Zeitspanne erschließen
lässt. Sucht man jedoch innerhalb des Textes nach
weiteren konkreten Angaben, die diese zeitliche Einbindung unterstützen, wird man nicht fündig. Die Er-

---

7   Aufgenommen wird dieser Gedanke im Neuen Testament in
     der Erzählung vom barmherzigen Samariter.

zählung bleibt von der historischen Verortung her unbestimmt und ohne weitere Fixpunkte. So ist zu vermuten, dass die Zeitangabe nicht einem historischen Geschehen folgt, sondern bewusst gesetzt und im Rahmen einer Erzählung als Fiktion zu verstehen ist. Die erzählte Zeit ist zwar nach 1,1 die Richterzeit, sie wird jedoch im weiteren Verlauf der Erzählung nicht mehr thematisiert. Die Familiengeschichte begegnet letztendlich losgelöst von Zeit und Raum.

Die fiktionale zeitliche Verortung der Rut-Erzählung in der Frühzeit Israels ist im Alten Testament kein Einzelfall. Gerade junge alttestamentliche Texte lassen »eine zunehmende Freude und Freiheit im fiktionalen Erzählen erkennen, die ihren Niederschlag nicht nur in Geschichten über die Urzeit und Frühzeit, sondern auch in Erzählungen gefunden haben, die in einem ortlosen Überall und zeitlosen Jederzeit spielen«[8]. Konstruktion von Geschichte hat wie auch die Erzählung von erlebter Geschichte[9] im Alten Testament die Funktion der Deutung von Gegenwart und des Verstehens von menschlichem Dasein.[10] Erzählungen von Geschichte leben vom Ineinander von Vergangenheit, Gegenwart und Zukunft. Die erzählte Vergangenheit wird so transparent für die Gegenwart, die erzählte Zukunft ist bereits erlebte Gegenwart.

Neben der fiktiven zeitlichen Verortung der Rut-Geschichte spielt der literarische Umgang mit der Zeit

---

8 Bieberstein, 8.9.
9 Und selbst hier gilt zu beachten, dass auch formulierte historische Wirklichkeiten Konstrukte sind, da sie nur aufgrund von Interpretation formulierbar sind. Vgl. dazu Straub, 84 f.
10 Vgl. dazu u. a. Polkinghorne, 15, in seiner Auseinandersetzung mit narrativer Psychologie, wonach »die Erzählung das primär strukturierende Schema ist, durch das Personen ihr Verhältnis zu sich selbst, zu anderen und zur physischen Umwelt organisieren und als sinnhaft auslegen«.

eine Rolle. Die in den Kapiteln geschilderten Zeitabläufe werden nach einem zunächst unabgegrenzt langen Zeitraum immer kürzer und erweitern sich dann wieder. So wird in Kapitel 1 zunächst allgemein von der einen langen Zeitraum umfassenden Richterzeit gesprochen, dann ein Zeitraum von zehn Jahren erwähnt und schließlich auf den Ernteanfang verwiesen. Kapitel 2 umfasst den Ernteanfang, einen Tag und das Ende der Ernte. Kapitel 3 lässt diesem eine Nacht, einen Morgen und das Heute folgen. Kapitel 4 spricht nach dem nachfolgenden Morgen von der Geburt des Kindes und lässt über die Genealogie den Zeitraum bis David folgen. Es ergibt sich so ein Kern, der sich auf eine Nacht konzentriert und damit das nächtliche Geschehen in das Zentrum rückt. Diese wird umgeben von dem Zeitraum eines Tages. Wie ein weiterer Ring legt sich ein wesentlich längerer Zeitrahmen darum und schließlich der nicht mehr klar auf bestimmte Jahre begrenzbare.

1.4 Aufbau und Struktur

Die bisherigen Beobachtungen weisen bereits darauf hin, dass die Rut-Erzählung überaus durchdacht ist. Dazu gehört auch die fein ausgearbeitete Struktur des Buches.[11] Es ist von vier größeren Handlungseinheiten bestimmt, die sich mit der Kapiteleinteilung decken. Die Teileinheiten der Kapitel 1 und 4 (1,1–5+6–22 sowie 4,1–12+13–17+18–22) sind zwar klar voneinander abgegrenzt, doch von der sprachlichen Seite aus wie in ihrer durch Motivaufnahme vollzogenen inhaltlichen Verknüpfung sind sie aufeinander bezogen und bilden somit als Rahmen eine Einheit. Dazu gehören auch die

---

11 Zu Detailfragen im Blick auf die Struktur des Textes vgl. die sehr ausführliche Untersuchung von Korpel.

strukturellen Parallelen in Kapitel 1 bis 4 zwischen den auftretenden Personen: Die Schilderung der Nebenfrau Orpa hebt die Charakteristiken der Hauptfigur Rut deutlich hervor, in Kapitel 4 gilt gleiches für das Verhältnis zwischen der Nebenfigur des namenlosen Lösers und der Hauptfigur Boas.[12]

Die männerorientierte Genealogie zum Abschluss in Rut 4,18–22, deren Nähe zur Genealogie des Perez in 1. Chr 2,5–15 nicht zu übersehen ist, bildet zusammen mit den ebenfalls männerorientierten Versen Rut 1,1–5 den Rahmen des Buches.[13] Die Genealogie fällt zudem sowohl sprachlich als auch inhaltlich aus dem Verlauf der Rut-Erzählung heraus. Die listenartige Aufzählung, die Aufhebung des Erzählstils und das Zurücktreten der Rut als Person lassen viele Forschende die Genealogie als sekundär ansehen und damit das eigentliche Ende des Rut-Buches in Rut 4,17 festsetzen.

Die Genealogie stellt darüber hinaus vor weitere Probleme: Obed wird als Sohn des Boas vorgestellt. Der erste Sohn von Boas und Rut ist jedoch im Rahmen der Leviratsvorstellung als Sohn des verstorbenen Ehemannes (Machlon) anzusehen. Das dürfte auch im Hintergrund der Aussage von 4,10 stehen. Der biologische Status des Sohnes und der rechtliche sind also voneinander unterschieden. Die Nachbarinnen in 4,17 sprechen Obed als Sohn der Naomi an. Damit wird eine sehr weite Auslegung des Levirats durchgeführt und dabei die Frauenperspektive beibehalten. Die jeweiligen Formulierungen lassen auf unterschiedliche Zielsetzungen schließen. Sie sind von dem bestimmt, was durch die Art der Darstellung erreicht werden

---

12 Dazu genauer Zakovitch, 13.

13 Ähnlich wie in der Genealogie sind die Personen in 1,1–5 keine ernsthaft handelnden Subjekte, sondern eher Objekt des Geschehens.

sollte. Wenn man zudem beachtet, dass der in 4,11 f. formulierte Wunsch durch die Aufnahme des Namens Perez wieder in der Genealogie anklingt und auch Erfüllung findet, kann darin auch ein Hinweis auf die ursprüngliche Zugehörigkeit der Genealogie zur Rut-Erzählung gesehen werden. Die Genealogie wird so zum Abschluss der Rut-Erzählung und gerät damit in die Nähe zu 1. Mose 22,20–24; 25,1–4; 25,12–18; 25,19 ff.; 35,23–29; 36, wo ebenfalls Genealogien Erzählungsabschlüsse bilden und zugleich auf Kommendes, Neues hinweisen (vgl. auch die Toledotformeln wie 1. Mose 37,2).[14]

Ein besonders eindrückliches Beispiel für die inhaltliche sowie stilistische Verknüpfung der einzelnen Unterteile ist das 3. Kapitel, dessen drei Szenen – im Haus der Frauen, auf der Tenne, erneut im Haus der Frauen – dadurch aufeinander bezogen sind, dass Züge der einen Szene in der darauf folgenden wieder aufgenommen werden. Wir finden aber auch Hinweise auf Verbindungen der einzelnen Kapitel untereinander. So schließen die im Zentrum stehenden Kapitel 2 und 3 damit ab, dass Rut ihrer Schwiegermutter an dem vorhergegangenen Geschehen Anteil gibt, indem sie es zusammenfassend erzählt. Der Beginn und das Ende von Kapitel 2 und 3 spielen jeweils innerhalb der Mauern Bethlehems, die Hauptszenen außerhalb. Im Zentrum steht jeweils eine Begegnung zwischen Rut und

---

14 Vgl. Nielsen, 7; auch Fischer, Rut, 74: »Um die Akzeptanz der im Rutbuch vorgeschlagenen Halacha zu Levirat und Lösung, die auf die Aufnahme der Moabiterin hinzielt, zu erreichen, müssen die bereits schriftlich fixierten Texte und deren Gattungen getreu übernommen werden. Erst das mimetische Verlassen der Frauenperspekive durch die Verwendung der aus der Genesis bekannten literarischen Gliedgattung des agnatischen Stammbaumes bewirkt die Akzeptanz des so geborenen Rutsohnes als Glied der judäischen Stammesgeschichte.«

Boas. Beide beginnen mit der Frage »wer ist …?« bzw. »wer bist du?«; beide werden mit einem Gespräch zwischen Rut und Naomi abgeschlossen. Die strukturelle Analogie ist unübersehbar. Darüber hinaus kann auf die Verknüpfung der Kapitel durch Antizipierung von später Erzähltem in Form guter Wünsche durch Naomi (1,8–9) bzw. Boas (2,12) für Rut verwiesen werden.[15] Ebenso dient z. B. der Gebrauch des Verbs *dabaq* der Verknüpfung zwischen den Kapiteln: Während Rut nach Kapitel 1 an Naomi hängt (klebt), benutzt 2,8 das Verb in der Aufforderung, dass Rut sich beim Ährenlesen an die Knechte halten solle.

1.5 Dialoge

Ein wesentliches Mittel, um die handelnden Personen plastischer zu zeichnen, sind die *Dialoge*: Von den 85 Versen des Buches bilden 55 Dialoge. Auffallend ist dabei, dass jedes Kapitel mit einem die Situation interpretierenden Gespräch beendet wird (mit Ausnahme von Kapitel 4, wenn die Genealogie als ursprünglich gewertet wird). Ebenso steht jeweils ein Dialog im Zentrum der einzelnen Kapitel. Die rahmenden Dialoge sind Frauendialoge. Sie weisen auf die Bedeutung von Frauengemeinschaften hin und bringen so eine deutliche Frauenperspektive ein. Ein rein »männliches« Gespräch findet sich nur in Kapitel 2,4–7 und 4,1–8. An beiden ist Boas wesentlich beteiligt, im zweiten sogar federführend. Rein weibliche Gespräche haben wir hingegen mehrfach, so in Rut 1,8–13 das Gespräch Naomis mit den Schwiegertöchtern, in 1,15–17 das Gespräch Naomis mit Rut, ebenso in 2,2; 2,19–22; 3,1–5 (im Wesentlichen ein Monolog Naomis, der zu einer

---

15   Dazu genauer Nielsen, 3.

kurzen Zustimmung Ruts führt). 1,19–20 finden wir ein Gespräch Naomis mit den Frauen von Bethlehem, in 4,14 f. 17 einen Monolog der Frauen von Bethlehem gegenüber Naomi. Wesentliche Anteile an den Dialogen des Rut-Buches übernehmen Naomi wie Rut, was dem Buch wiederum eine Konzentration auf die Frauen verleiht.[16] Naomi ist die einzige, die *nur* mit Frauen spricht. Rut wird durch ihre Gespräche mit Naomi auf der einen und Boas auf der anderen Seite zur Brücke zwischen ihnen. Sie begegnen sich in der Erzählung nicht. Beide haben einander im Blick, die ›Kommunikation‹ geschieht jedoch jeweils über Rut als Bezugsperson. Zu einer eigenständigen Beziehung kommt es nicht. Rut stellt darüber hinaus strukturell eine Verbindung zwischen der Frauen- und der Männerperspektive her. Sie kommuniziert sowohl mit Frauen als auch mit Männern und führt diese zu einem gewissen Ausgleich.

In mehreren Fällen beginnt Naomi das Gespräch und Rut ist die Reagierende (1,8.15; 3,1–4). Während Rut in Kapitel 1 noch das Ansinnen Naomis, in ihr Mutterhaus zurückzukehren, zurückweist, führt sie in Kapitel 3 die Anweisungen ihrer Schwiegermutter – wenn auch mit Modifikation – aus. Auch nach 2,19 und 3,16 ist Naomi die zuerst Sprechende, doch wird die Gesprächseröffnung letztlich indirekt durch Ruts Handeln vollzogen, auf das Naomi reagiert. Einzig in 2,2 beginnt Rut die Rede: Sie informiert Naomi über ihre Absicht, auf einem Feld Nachlese bei der Ernte zu halten. Das ist jedoch – gerade angesichts der Gesamtanteile Ruts an den Dialogen und der von diesen ausgehenden Wirkungen – nicht als Hinweis auf ihre

---

16 Vor allem aber führt der große weibliche Anteil an den Gesprächen auch zu einem »female character's discourse«, so Rashkow, 26.

geringe Position im Beziehungsgeflecht zu verstehen. Das Kraftvolle ihrer Rede[17] zeigt sich besonders in Kapitel 1 und 2. Dort bilden ihre Worte jeweils den Abschluss des Gesprächs, Naomi bzw. Boas bleiben ›sprachlos‹. Aber auch in Kapitel 3 ist Ruts Dominanz fassbar: Im Dialog zwischen Boas und Rut ist zwar Boas im Blick auf die Quantität der Rede der absolut Dominierende – Rut spricht nur einen einzigen Satz. Doch im Blick auf das Gewicht der Rede reicht der eine Satz in 3,3b, um dem ganzen Geschehen und Verlauf eine entscheidende Wendung und neue Qualität zu geben.

Mehrfach beginnt Boas das Gespräch. Sowohl im Rahmen der Öffentlichkeit – so im Gespräch mit seinen Knechten (2,4), mit Rut (2,8.14), mit dem Löser bzw. mit den Ältesten (4,1 f.) – als auch im privaten Kontext – wie in der Anrede an Rut (3,9) – erscheint Boas als der aktive, initiierende, wobei im letzteren Fall seine Rede eine klare Reaktion auf Ruts vorausgehendes Verhalten ist. Dass »der wohlhabende, einheimische Mann dabei die diskursive Macht nie an die arme, fremde, verwitwete Frau abgibt, obwohl sie in beiden Kap. ihren eigenen Willen – zur Nachlese und zur Heirat – durchsetzt«,[18] wird aber ebenso deutlich.

Die Dialoge werden im Wesentlichen von Individuen getragen. Als Gruppe begegnen die Frauen von

---

17 Rashkow, 29, spricht bei Rut *und Naomi* gleichermaßen von kraftvoller Rede: »The power of Naomi's and Rut's speech acts reverses their less propitious circumstances to a high level of success and social elevation. [...] Naomi's discourse reveals an emphasis, rare in biblical narrative, on relationships between women, specifically mothers and daughters, rather than the customary emphasis on fathers and sons.«

18 Fischer, Rut, 29. Im Blick auf die Überlegungen zu Kapitel 3 ist aber durchaus zu fragen, ob das von Fischer so strikt formulierte »nie« wirklich aufrechterhalten werden kann.

Bethlehem in 1,19 und 4,14, die jeweils das Gespräch eröffnen. Die Knechte in 2,4 ff. bekommen als Gruppe allein die Grußformel zugedacht. Das eigentliche Gespräch findet zwischen Boas und dem Hauptknecht statt. Die Ältesten im Tor bzw. die übrigen dort Anwesenden, die ihre guten Wünsche aussprechen, reagieren mit diesen nur auf das Vorhergehende. Auch wo der Dialog in Gruppen stattfindet, ist im Wesentlichen mehr oder weniger direkt Rut und ihre Einbindung in die Gemeinschaft Thema des Gesprächs.

1.6 Leitworte

Um die Bedeutung Ruts zu schildern, wird auf eine Fülle von Leitworten zurückgegriffen. Die zweifache Rede vom Kind *(jäläd)* in 1,5 (Naomi verliert ihre beiden Kinder) und 4,16 (Naomi nahm das Kind) bzw. vom Sohn *(ben)* 4,13 (Rut gebar einen Sohn) und 4,17 (auch Naomi bekommt im Sohn von Boas und Rut einen Sohn) rahmt die Gesamterzählung. In 2,5 begegnet neben *na'ar* (Knabe in der Bedeutung »Knecht«) die feminine Form *na'arah* (Magd), die später beide noch in der pluralischen Form gebraucht werden (2,8.9.15.21.22.23). Wenn Rut sich selbst als »Magd« bezeichnet, gebraucht sie hingegen in 2,13 den Begriff *schifchah*, den sie ebenso benutzt, wenn sie von den Mägden des Boas spricht.

Das 1. Kapitel ist geprägt durch den zwölffachen Gebrauch des Verbums *schub* (umkehren). Es wird oft im übertragenen Sinne gebraucht, um seelisch-emotionale Umschwünge anzuzeigen. Auch im religiösen Kontext spielt es eine Rolle, so wenn es um Abfall von einer Gottheit geht (z. B. Ri 2,19) oder um Reue (1. Kön 8,33). Diese Konnotationen sind möglicherweise mitzuhören, wenn *schub* (umkehren) im Buch Rut verwendet wird. Grundsätzlich jedoch lässt sich festhalten, dass das Verbum *schub* im Rut-Buch im Kontext der Entscheidung für Rückkehr nach Moab bzw. Juda, also zunächst in einem geographischen Zusammenhang verwendet wird. Dass diese Rückkehr über eine geographische Aussage hinaus auch eine Veränderung der Lebensverhältnisse – im Prinzip zum Besseren – einschließt, ist allerdings nicht zu übersehen. Das wird besonders deutlich in 4,14 f., wo mit der Verwendung des Verbums *schub* die entscheidende Wende angezeigt wird: Das Rut und Boas geborene Kind wird für Naomi zum *meschib* werden, zu dem, der ihr Leben wiederherstellt.[19]

Von Bedeutung ist ebenfalls das häufig in Kapitel 1 vorkommende Verb *halach* (gehen). Es begegnet mehrfach in Kapitel 2 sowie in 3,10, aber nicht mehr in Kapitel 4. Somit ist es vor allem für die beiden ersten Kapitel zu beachten. Dabei fällt auf, dass in zehn Fällen Rut allein das Subjekt des Verbums ist, in fünf Rut gemeinsam mit Naomi bzw. Orpa oder mit beiden zusammen. Der Gebrauch des Verbums, der eine gewisse Analogie zu Abrahams Aufbruch/Gehen in 1. Mose 12 nicht übersehen lässt, beschreibt vor allem den Weg Ruts hin zu einer für sie sicheren Stätte. Wo sie gesichert scheint – angesichts der erfüllten Bitte Ruts an Boas –, ist offensichtlich ein weiteres Verwenden der Begrifflichkeit überflüssig.[20]

In Zusammenhang mit dem Leitwort *halach* (gehen) steht das deutlich weniger gebrauchte *'asab* (verlassen). Es scheint so, als würde geradezu mit diesem Be-

---

19   Vgl. dazu Robertson Farmer, 899.
20   Vgl. Fischer, Rut, 36 f.: Rut »ist nicht nur mit der rechten Frau ins rechte Land gegangen und dem rechtem Gott nachgegangen, sondern offensichtlich mit ihrem Gang auf die Tenne auch zum rechten Mann gegangen«.

griff gespielt: Um Naomi nicht zu verlieren (1,16), entschloss sich Rut zum Verlassen ihrer Heimat (2,11). Und schließlich erkennt Naomi an, dass JHWH auch jetzt der Barmherzige ist.

Im 2. Kapitel begegnet insgesamt zwölfmal (2,2.3.7. 8.15.16.17.18.19.23) das Verb *laqat* (sammeln, auflesen). Die massive Verwendung dieses Verbs deutet auf die Intensität des Ährenlesens hin und damit auf die Fülle, die Rut dadurch zuteil wird. Durch den Gebrauch von *laqat* kommt indirekt die Mannageschichte von 2. Mose 16 ins Spiel, so dass auf diese Weise eine Parallele zur Gabe von Brot an das Volk Israel während der Wanderung durch die Wüste hergestellt wird.

In Kapitel 3 ist das Verb *schachab* (hinlegen, liegen; 3,4.7.8.13.14) wesentlich, das in enger Verbindung zum Wort *lajlah* (Nacht) Verwendung findet (3,2.8.13). Damit wird Rut in eine Nähe zu der älteren Tochter Lots, der Ahnfrau ihres Volkes gerückt, ohne jedoch hier gezielt als Moabiterin bezeichnet zu werden.[21] Zu verweisen ist hier auch auf die unterschiedlichen Formen von *jd'* (erkennen) in Kapitel 2 und 3 und Begriffe mit ähnlichem Bedeutungsgehalt (2,11; 3,3.4.14 u. a.). Auf Kapitel 4 beschränkt sich die Verwendung des Leitwortes *qanah* (kaufen). Es bezeichnet das Handeln des Boas und schreibt ihm damit in Analogie zu Jer 32 die Funktion des Lösers zu.

Durch sämtliche Kapitel zieht sich das Verb *natan* (geben). Sein Subjekt ist vorwiegend JHWH (1,6.9; 4. 11.12.13 – wiederum mit rahmender Wirkung), daneben aber auch Rut (2,18) und Boas (3,17). Ähnlich rahmende Funktion hat das Wortfeld *mot* (sterben, Tod), das neben 1,3.5.8.17 und 2,11.20 noch in 4,5.10 Verwendung findet. Bis auf 1,17 steht *mot* jeweils im

---

21   Zur Beziehung Ruts zu den Töchtern Lots vgl. B 2.2 bzw. B 2.5

Zusammenhang mit dem Tod von Elimelech bzw. Machlon und Chiljon.

Sadeh (Feld) als Leitwort dient der Rahmung des Buches. Während es in 2,2 f. 8.22 als Bezeichnung für Feld im engeren Sinn gebraucht wird, beschreibt es in 1,2.6 zu Beginn des Buches ebenso wie in 4,3 im Schlusskapitel das Gebiet Moab als geographische Gegend, in die Elimelech mit der Familie ging (1,2 *bo'*) bzw. aus der Naomi zurückkommt (1,6; 4,3 *schub*).

Das Verb *ga'al* (lösen), das im Alten Testament semantisch durchgängig positiv besetzt ist und Rettung aus mannigfaltiger Not bedeutet, wird in Variationen (als Verb und davon abgeleitetes Substantiv) im Buch Rut insgesamt 22-mal gebraucht. Das hebräische Alphabet hat 22 Buchstaben. Die Zahl gilt deshalb als Symbol der Vollkommenheit: »So wird bereits durch die Leitworttechnik signalisiert, dass so eine mustergültige Lösung aussieht.«[22] Es scheint, dass in *ga'al* neben *schub* eines der Schlüsselwörter des Buches zu sehen ist. Die häufige Verwendung von *ga'al* kann als Vorbereitung auf den am Ende des Buches erwähnten David gesehen werden, an dessen Namen sich in der Tradition die Erwartung des Messias und damit des Lösers schlechthin knüpft. Dafür spricht auch, dass mit 15 Vorkommen eine gesteigerte Verwendung in Kapitel 4 zu finden ist.

Ein wichtiges Leitwort ist der Begriff *chäsäd* (Gnade; 1,8; 2,20; 3,10),[23] der sowohl göttliches als auch menschliches Handeln zum Ausdruck bringen kann. In 1,8

---

22 Fischer, Rut, 39.
23 Vgl. Fischer, Rut, 37 f.: »Obwohl es bei weitem nicht so oft vorkommt wie andere Leitworte im Rutbuch, ist [...] ›Güte‹, *das* Theologumenon, das die Geschichte deutet, wobei hervorzuheben ist, daß nicht das Ideal gepriesen wird, sondern die Menschen, die dies verwirklichen.«

bezeichnet Naomi das Handeln ihrer Schwiegertöchter an ihr als *chäsäd*. In 2,20 ist der Begriff Ausdruck des Handelns Gottes, das für Rut und Naomi unerwartetes neues Leben eröffnet; in 3,10 begegnet er in Boas' Bitte um den Segen Gottes für Rut angesichts ihres mehrfach von *chäsäd* geprägten Handelns. Am Gebrauch des Begriffes *chäsäd* wird bereits etwas vom Ineinander bzw. von der Beziehung zwischen göttlichem und menschlichem Handeln deutlich. Sowohl für die göttliche *chäsäd* als auch für die menschliche wird vorausgesetzt, dass sie aus freier Entscheidung geschieht, dass sie sich dem/der anderen über das zu erwartende, einklagbare Maß hinaus helfend, unterstützend zuwendet.

Den Leitworten korrespondieren die vielen *Oppositionen*, die das Buch prägen: Hunger und Kinderlosigkeit – Fülle und Fruchtbarkeit; Alter – Jugend; männlich – weiblich; Tod – Leben. Sie sind z. T. Rahmen bildend wie das Motiv des Hungers und der Fülle bzw. von Kinderlosigkeit und Geburt des Sohnes, oder aber sie ziehen sich durch das Buch hindurch wie die Opposition Alter – Jugend oder männlich – weiblich.

1.7 Gattung

Das scheinbar so schlichte, auf den ersten Blick nicht besonders herausgehobene Rut-Buch wird nicht selten gattungsmäßig der Idylle zugeordnet.[24] Das so ruhig erscheinende Gespräch der drei Frauen auf dem Weg

---

24 So spricht Haller, VII, von »Rut als Ernteidyll am Wochen- oder Erntefest«. Vgl. ähnlich Würthwein, 4, mit einem Zitat aus dem Brockhaus: »Ist für die Idylle kennzeichnend ›die Ausrichtung nach einem idealen unschuldsvollen Zustand [...] und patriarchalischen Verhältnissen sowie das Auftreten weniger, meist vorbildlicher einfacher Charaktere‹, so haben wir in Rut einen typischen Vertreter dieser Gattung.«

nach Bethlehem (Kapitel 1) wie die Ernteszene in Kapitel 2 mögen zu dieser Einordnung Anlass gegeben haben. Nicht zufällig werden diese beiden Szenen besonders als Motive in der bildenden Kunst (vor allem des 19. Jh.) herangezogen und auch dort idyllisiert.

Abb. 6: Naomi und Rut

Wenn Interpretatoren von einer Idylle oder einer lieblichen Erzählung sprechen,[25] so bleiben sie ganz auf der Textoberfläche, ohne auf deren Tiefendimension zu schauen. Weder die Lebenssituation der drei Witwen noch das aus der Existenznot heraus begründete, manchen so romantisch erscheinende Ährenlesen geben Anlass zum Idyllisieren. Die nur wenigen Striche, mit denen die persönliche Lage der Frauen geschildert wird, verführt dazu, die Diskretion der Schilderung zu missdeuten und die Schärfe und Härte ihres Schicksals zu unterschätzen bzw. nicht wahrzunehmen. Von Idylle zu sprechen, wo Menschen um ihre Existenz bangen und kämpfen,[26] hat ein hohes Maß an Unverständnis oder Ausblendung von Wirklichkeit zur Folge.[27]

Das Rut-Buch ist geprägt von einer Fülle gattungsspezifischer Merkmale: Die sich durchziehende ge-

---

25 Auch wenn Gerleman, 5, das Buch nicht unter die Kategorie der Idylle fasst, kommt er ihr doch sehr nahe mit seinem Reden von einer »schlichten, lieblichen Erzählung«.

26 »Es geht um den Überlebenskampf zweier (oder dreier) Frauen in einer patriarchalischen und vor allem für arme Frauen gefährlichen Welt [...] Es geht um Frauen als Opfer, als Verhandlungsgegenstand und als mutig und listig Handelnde; es geht um Frauensolidarität und Frauenrivalität.«, Ebach, Fremde in Moab, 278. Von Frauenrivalität ist im Buch Rut allerdings nichts zu spüren!

27 Fischer, Apropos »Idylle«, 112, vergleicht die Rut-Exegese und die Kategorisierung des Textes mit der des Hiob-Buches unter Verweis darauf, dass hier wie dort Menschen im Extremmaß vor die Frage nach der Möglichkeit ihrer Weiterexistenz gestellt sind. In der Kommentierung der Hiobtexte (durch Männer) kommt niemand auf den Gedanken, von einer Idylle u. ä. zu sprechen. Fischer nötigt dies nicht ohne Grund zu der bitteren Erkenntnis: »Hier ist [...] offensichtlich die Geschlechterhierarchie die oberste exegetische Kategorie, die Frauenerfahrung gezielt abwertet und Männererfahrung damit als die einzig relevante dastehen läßt.«

häufte Verwendung von narrativen Verben im hebräischen Text weist die Rahmengattung eindeutig als Erzählung aus, ohne bereits Genaueres über die Art der
Erzählung zu sagen. Damit wird ein Schwerpunkt auf
das Handeln der auftretenden Personen gelegt, wobei
es keine Spannung zwischen den handelnden Personen gibt[28] – wohl aber zwischen einzelnen Szenen. So
rückt auch Rut gezielt mit ihrem Handeln in den Blick-
punkt.

Die zahlreichen Dialoge setzen im Rahmen der
Erzählung Akzente, die noch deutlicher auf die
Hauptakteure bzw. deren Charakteristika und Zusam-
menspiel achten lassen. Auch machen die Dialoge
deutlich, dass das Erzählmoment keineswegs das
allein prägende ist, da – wie schon aufgezeigt – wichtige Entscheidungen im Rahmen der Dialoge/Reden
getroffen werden.

Abgesehen von Elimelech, Machlon und Chiljon,
die nur zu Beginn des Buches begegnen, dann aber
gleich wieder von der Bildfläche verschwinden – Ähnliches gilt dann auch für Orpa –, spielen die eigentlichen Heldinnen und Helden des Buches eine nahezu
durchgehende Rolle. Naomi wie Rut tritt von Kapitel 1
an dominierend auf, übernimmt allerdings in Kapitel 4
formal keine aktive Rolle. Dort wird nur noch über sie
oder zu ihnen gesprochen, sie sind auch nicht mehr
Subjekte von (aktiven) Verben. Inhaltlich jedoch haben
sie auch in Kapitel 4 wesentliche Funktionen.

Wie schon gezeigt, ist der Text einer fiktiven Zeit zugeordnet und begegnet insgesamt als Fiktion. Dazu
gehört auch das Phänomen der Individualität der
Heldinnen und Helden bei gleichzeitiger Typisierung.
Die handelnden Personen sind durch die Namens-

---

28   Zakovitch, 11.

nennung als Individuen gekennzeichnet. Auch die Ortsangaben unterstreichen den Eindruck der Individualität und lassen vermuten, dass es hier um eine Erzählung konkreter Einzelschicksale geht. Dennoch geht der Text weit über die Erzählung des Geschicks von Individuen hinaus, wie bereits die zwar zunächst konkret erscheinende, dann aber doch stets vage bleibende Datierung in die Richterzeit andeutet. Dass das Erzählte von Bedeutung für Israel insgesamt ist, nicht aber eine persönliche Begebenheit von Relevanz nur für die Betroffenen, zeigt mehr als deutlich die abschließende Genealogie, die zu David hin führt, ebenso wie der Wunsch der Ältesten in 4,11, der Rut parallel zu Lea und Rahel in die Reihe der Erzmütter und damit der Erbauerinnen Israels stellt. Die vielen, nicht immer gleich auf den ersten Blick zu erkennenden Parallelen bzw. Bezüge zu den Erzelternerzählungen (vgl. B 2.2) führen auch klar in diese Richtung. Die Erzählung bekommt so Züge einer (konstruierten) Volkserzählung.[29]

Das Buch Rut enthält neben den erzählenden Zügen auch Momente von Rechtstexten. Wie wir noch sehen werden, stehen einerseits ganz klar Rechtsvorschriften zur Disposition (vgl. B 2.6). Zu erinnern ist andererseits an die kontextuell bzw. intertextuell mitzudenkenden Erzählungen, die einen Rechtsrahmen bilden, indem sie ähnliche Probleme zu lösen versuchen wie das Rut-Buch und somit erzählend Recht setzen. Dabei ist besonders an 1. Mose 38 zu denken. Die Mischung aus Erzählstruktur, Dialogen und Momenten alttestamentlichen Umgehens mit/und alttestamentlicher Auslegung von Recht rücken das Rut-Buch in die Nähe des rabbinischen halachischen Midrasch, das

---

29 Vgl. dazu genauer Sasson.

aber, anders als in diesem üblich, ganz die Frauenperspektive dominieren lässt.[30] Unterstützung bekommt dieser Gedanke durch die Erwähnung des Midrasch zum Buch der Könige in 2. Chr 24,27. Möglicherweise ist das Buch Rut ein Teil davon.

Das Rut-Buch begegnet uns als verhältnismäßig kurzer Text, der als Kurzgeschichte in Analogie zu Erzählungen wie 1. Mose 24 (Isaak nimmt Rebekka zur Frau) und 1. Mose 38 (Juda und Tamar), zum Joseph-Zyklus (1. Mose 37.39–48.50), zur Aufstiegsgeschichte Davids (2. Sam 9–20), oder zum Hiobrahmen (Hi 1–2; 42,7–17) gelesen werden kann. Vor allem in stilistischer, thematischer und theologischer Beziehung zeigt sich eine Nähe der Rut-Erzählung zur Joseph-Erzählung.[31] Auch die Esther-Erzählung ist hier noch zu erwähnen. Alle drei Geschichten beschäftigen sich mit der Existenz in einem fremden Land (Esther und Joseph als Jüdin bzw. Jude in der Fremde; Rut als Fremde in Israel), thematisieren das Leben in einem anderen Kulturkreis und lassen unterschiedliches Umgehen damit sichtbar werden. Sie verbindet die Erfahrung, dass menschliches Umgehen miteinander nationale und kulturelle Schranken überwinden kann, aber auch, dass darin das Wirken JHWHs eine Rolle spielt.[32]

Ein Problem der Gattungsbestimmung stellt die Genealogie dar, die völlig aus dem Erzählduktus heraus zu fallen scheint, da sie keinerlei stilistische Elemente einer Erzählung aufweist. Wenn die Genealogie als Zusatz bestimmt wird,[33] erscheint das Problem als

---

30 So mit Fischer, Apropos »Idylle«, 110 f.

31 Vgl. dazu Campbell, Ruth, 4.

32 Vgl. dazu u. a. Larkin, 11, die auch darauf hinweist, dass es bei Rut um die Weiterexistenz einer Familie geht, bei Joseph um die der Stammväter Israels, bei Esther um die der Juden in der persischen Diaspora.

33 So z. B. Campbell, Ruth, 170; Würthwein, 24.

gelöst. Doch auch dann, wenn man sie als integralen Bestandteil des Buches ansieht, stellt sie angesichts der schon aufgezeigten vielfältigen Gattungsmerkmale innerhalb des Buches kein grundsätzliches Problem dar.

Diese Aufreihung unterstreicht den bereits gewonnenen Eindruck, dass das Buch Rut keineswegs bloßer Unterhaltung dient, sondern ihm durchaus eine Unterweisungsabsicht eigen ist. Durch die Namensgebung des Buches wird das Hauptaugenmerk auf die Namensgeberin gerichtet, die zu einem facettenreichen Paradigma der Unterweisung geworden ist. Das Rut-Buch zeigt sich gerade in seiner Vielschichtigkeit als kunstvoll durchstrukturiertes Werk, das kaum Brüche aufweist. Die verschiedenen Gattungselemente sind nicht rein *einer* Gattung zuzuordnen, wenngleich die Erzählung die dominierende ist und die übrigen Elemente wie Rechtstexte und die Genealogie in sich aufnimmt.[34]

2. Rut – eine facettenreiche Frau

2.1 Die Moabiterin

Rut wird in der Erzählung durchgängig als Moabiterin bezeichnet, auch nach ihrer Entscheidung für Naomi, deren Religion und Kultur. Noch in 4,5 nennt Boas sie Moabiterin. Es liegt der Erzählung also daran, Rut als Ausländerin, als Fremde zu präsentieren, mit der der Israelit Boas, der sich ihres Fremdseins voll bewusst ist, die Ehe eingeht.

---

34 Dazu gehören auch die poetischen Züge, die Zakovitch, 25 f., aufzeigt. Zum poetischen Charakter des Rut-Buches vgl. auch Korpel.

Ruts Entscheidung, ihrer Schwiegermutter zu folgen, bedeutet auch eine ganz bewusste Begegnung mit dem Gott Israels. Ihren Entschluss, sich nicht ihrer Schwägerin Orpa anzuschließen, sondern ihr Land zu verlassen und mit ihrer Schwiegermutter zu gehen, um in deren Land Heimat zu finden, fasst sie in die Worte: »Wo du hingehst, da will auch ich hingehen; wo du bleibst, da bleibe ich auch. Dein Volk ist mein Volk, und dein Gott ist mein Gott. Wo du stirbst, da sterbe ich auch, da will ich auch begraben werden. Der Herr tue mir dies und das, nur der Tod wird dich und mich scheiden.« (1,16 f.). In diesen wenigen Sätzen werden von Rut die wichtigsten Bereiche menschlichen Lebens angesprochen. Im Vordergrund steht zunächst mit der Bindung Ruts an Naomi die persönliche Beziehung. Das mehrfache In- und Miteinander von »du« und »ich«, das sich im Hebräischen neben den Suffixen vor allem in der syntaktischen Anordnung der Verben ausdrückt, unterstreicht sprachlich die enge Bindung von Seiten Ruts. Nahezu in der Form eines Schwures formuliert sie, worin sie ihre Zukunft sieht. In der Aufreihung kann eine Steigerung entdeckt werden: vom Gehen über das Bleiben bis hin zum Begrabenwerden als der endgültigen Besiegelung der Entscheidung. Mit dieser Steigerung korrespondieren die Bezugsgrößen: vom Du (Naomi) über das Volk (Israel) bis hin zum Gott Israels. Die persönliche Bindung hat eine völlige Verschiebung der bisherigen sozialen und religiösen Bindungen zur Folge: vom Privaten über das Öffentliche bis hin zum Transzendenten – also in allen wesentlichen Bereichen, die bestimmend sind für die Identität eines Menschen. Die Volkszugehörigkeit wie die Religionszugehörigkeit werden nicht durch Geburt und Sozialisation als für immer festgelegt angesehen, sondern es bleibt Raum auch für die eigene Entscheidung.

Beachtenswert ist, wie die Entscheidung für den Gott Israels geschieht. Die Reihenfolge der Sätze zeigt, dass sie zunächst nicht primär um Gottes willen erfolgt, sondern vermittelt durch die Bindung an Naomi. Der hebräische Nominalsatz, der auch in der vorherigen Aussage »dein Volk ist mein Volk« begegnet, ist wegen seiner syntaktischen Struktur in der Interpretation nicht ganz eindeutig: Er kann sowohl Ausdruck des Wunsches bzw. der Absicht sein (dein Volk soll mein Volk sein/werden) als auch Konstatieren eines schon eingetretenen Geschehens bzw. Zustandes. Die Endgültigkeit und damit Eindeutigkeit der Entscheidung Ruts wird klar im Hinweis auf den Begräbnisort. Wie schon 1. Mose 23 mit der Erzählung vom Kauf der Höhle Machpela durch Abraham als Begräbnisstätte für Sara zeigt, ist dieser viel mehr als nur eine dauerhafte lokale Verankerung. Der Anspruch auf Zugehörigkeit zum neuen, Rut umgebenden Umfeld (sei es Gesellschaft, Religion, Kultur) sowie die Bereitschaft, sich wirklich darauf einzulassen, finden darin eine letztgültige Besiegelung.

Am Ende ihres Schwures vollzieht Rut ein eindeutiges Bekenntnis zum Gott Israels, indem sie nicht mehr nur von »deinem Gott«, der auch ihrer sein soll (unter Verwendung des eher an eine Gattungsbezeichnung erinnernden Elohim), spricht, sondern diesen Gott bei seinem urisraelitischen Namen JHWH nennt. Dieses Bekenntnis findet im Folgenden seine inhaltliche Bestätigung durch Ruts Handeln, indem sie *chäsäd* (Güte) ausübt und damit dem göttlichen Handeln im menschlichen Tun Raum gibt.[35] Der von Rut

---

35 So nach Campbell, Ruth, 81 f.; Cohen, 122f., Anm. 36, sieht das Geschehen wesentlich reduzierter: »Ruth is not a ›religious convert‹; she is a foreigner whose foreignness remains even after she has attempted to adopt the ways of her surroundings.«

vollzogene Wechsel in den Machtbereich JHWHs wird in den Worten Boas' in 2,12 noch einmal formuliert: »der Herr, der Gott Israels, zu dem du gekommen bist, dass du unter seinen Flügeln Zuflucht hättest«. Es stellt sich die Frage, ob im Fall Ruts von einer Proselytin im klassischen Sinn gesprochen werden kann oder ob das hier Geschilderte nicht eher Ausdruck der »Bereitschaft zur vollständigen gesellschaftlichen Assimilation«[36] ist. Ruts Gebrauch des Gottesnamens JHWH in 1,17 im Gegenüber zum sonst üblichen Elohim in der Schwurformel dürfte bereits deutlich machen, dass es sich um eine ganz bewusste Entscheidung auch für den Gott Israels handelt. Damit ist Ruts Entschluss zum Wechsel in ein anderes Umfeld wesentlich gravierender als Naomis Wechsel mit ihrer Familie nach Moab und findet in seiner Radikalität nur noch eine Analogie im Weg Abrahams von Ur ins verheißene Land.

Um deutlich zu machen, welch großen Kontrast die Erzählung voraussetzt, soll ein genauerer Blick auf Moab geworfen werden: Die erste Erwähnung Moabs geschieht in 1. Mose 19,37. Danach besteht eine ethnische Verwandtschaft zwischen Moab und Israel, denn Moabs Ursprung wird in der erschlichenen inzestuösen Beziehung der älteren Tochter Lots mit ihrem Vater gesehen. In 1. Mose 19,30–38 werden die Ahnherren Moab und Ben-Ammi als Brüder dargestellt, die der alttestamentlichen Genealogie entsprechend entfernte Verwandte von Esau (Edom) und Jakob (Israel) sind. Da Moab zu den Nachbarvölkern Israels im Ostjordanland gehörte, gab es eine Reihe von Berührungspunkten zwischen den Israeliten und den Moabitern. Ähnlich wie die Israeliten waren die

---

36   So Zakovitch, 97.

Moabiter ursprünglich Nomaden. Die Niederlassung erfolgte z. T. zeitgleich mit israelitischen Stämmen (so vor allem Gad und Ruben). Auseinandersetzungen um das Siedlungsgebiet – besonders nördlich des Arnon – waren nicht zu vermeiden und haben die Beziehungen erheblich belastet. Nach 1. Sam 22,23 f. suchte David noch Zuflucht vor Saul bei den Moabitern, später jedoch annektierte er große Teile des moabitischen Territoriums und machte Moab zu einem tributpflichtigen Vasallen (2. Sam 8,2; 24,5). Der Zerfall des davidisch-salomonischen Großreiches ermöglichte die erneute Selbständigkeit Moabs bzw. ließ Moab unter die Oberhoheit des Nordreiches gelangen. Die Machtausbreitung der Assyrer brachte Moab in große Bedrängnis und führte zu Unterwerfung und Tributzahlungen. Später war Moab teils an babylonischen Streifzügen beteiligt (vgl. 2. Kön 24,1–4), teils an einem Aufstand gegen Babylon. Nach Josephus, Ant X, 181 f. wurde Moab 582 v. Chr. zur babylonischen Provinz. Mit der Perserherrschaft wird das Schicksal Moabs immer wechselvoller, was dann wohl zu einem langsamen Aufgehen der Moabiter in andere Bevölkerungsgruppen führte. Auf religiösem Gebiet gab es ebenfalls einige Berührungspunkte zwischen Israel und Moab, die auch zu Spannungen führten. Neben der Göttin Aschtar war Kamosch der Haupt- und Nationalgott der Moabiter, der im Alten Testament unter dem Namen Kemosch bekannt ist (vgl. u. a. Ri 11,12–28; 1. Kön 11,7; Jer 48,7) und wohl auf Kulthöhen verehrt wurde (vgl. die moabitische Mescha-Inschrift Z. 3). Viele Analogien zeigen sich zum alttestamentlichen Gottesbild, so die Vorstellung vom Wirken Gottes in der Geschichte (der Zorn Gottes ist Ursache für die Unterdrückung Moabs, das bessere Ergehen Moabs Ausdruck des nachlassenden Zorns –

vgl. Mescha-Inschrift Z. 5 ff.). Moab kennt ebenso wie Israel den Gedanken des Bannes als Übereignung von Kriegsbeute an die Gottheit (vgl. Mescha-Inschrift Z. 11 f.; 16 f.).

Abb. 7: Mescha-Stele

Die Einschätzung Moabs im Alten Testament ist durchaus ambivalent. Die wechselvolle Geschichte Moabs in seiner Beziehung zu Israel war aus der Sicht Israels wesentlich durch negative Emotionen besetzt, wie u. a. die Fremdvölkersprüche in Jes 15 f.; 25,10–12; Jer 48,1–47; Hes 25,8–11; Amos 2,1–3; Zef 2,8–11 deutlich zeigen. Neben der Betonung der in Moab geübten Gastfreundschaft (vgl. z. B. Bileam 4. Mose 22–24; auch Ri 3,12–30; 2. Sam 8) steht der Vorwurf der sexuellen Perversion (1. Mose 19,30–38; 4. Mose 25). Zu erinnern ist auch an den bereits erwähnten Vorwurf, dass die Moabiter zusammen mit den Ammonitern Israel auf dem Weg ins Gelobte Land die Versorgung mit Lebensmitteln verweigert haben. Der Ton liegt im Alten Testament eindeutig auf der pejorativen Seite, zumal dann, wenn es um moabitische Frauen geht: Sie verstoßen vorwiegend gegen Normen bzw. leiten zum Verstoß gegen Normen an. Von daher bedeutet die Rede von Rut als Moabiterin für viele von vornherein eine Provokation. Die Bedeutung und Betonung des Eros, die Moab in Verbindung mit sexueller Perversion zugeschrieben wird, findet in Kapitel 3 des Rut-Buches in der erotisch erfüllten Szene in einer positiven Form Widerhall. Über die Moabiterin Rut wird ein solch erotisches Element auch nach Israel eingebracht, was von diesem sowohl als komplementär als auch als widersprüchlich empfunden werden musste.

Die so positiv geschilderte Entscheidung der Rut bedeutet die Konfrontation mit dem schon angesprochenen Verbot der Aufnahme von Ammonitern und Moabitern (bis in die zehnte Generation) in die Gemeinde (5. Mose 23,4 f.), das eine Konversion faktisch unmöglich machte. Die Begründung, dass diese Nachbarvölker beim Auszug nicht mit Brot und Wasser geholfen hätten, wird in der Rut-Erzählung jedoch konterkariert. Das ebenfalls aus Esr 9–10 bzw. Neh 13,1–3 gewohnte Denkmuster, das auch die Heirat mit Moabiterinnen und Ammoniterinnen ausschließt, wird gleich auf doppelte Weise durchbrochen: Moabiter haben in der Hungersnot Naomi und ihre Familie aufgenommen. Und Rut als Moabiterin sorgt für das Überleben der Israelitin Naomi, noch dazu in deren Heimat. Damit wird eine andere Konzeption möglich, die nicht zwangsläufig zur Auflösung oder Verhinderung von Mischehen führen muss.

Zwar schließt 5. Mose 23,4 f. mit seinem Verbot der Aufnahme in die Gemeinde nicht unbedingt eine Heirat aus,[37] da eine Eingliederung in die Gemeinde nicht automatisch via Heirat erfolgt. Auffallend ist jedoch, wie die Notiz vom Aufenthalt der Familie Elimelechs als Fremde in Moab (Rut 1) mit dem Aufenthalt Israels in Ägypten korrespondiert. So dürfte die Aufforderung von 5. Mose 23,8, sich Ägyptern gegenüber freundlich zu verhalten, weil Israel Fremdling in Ägypten war, strukturanalog auch auf Moab anzuwenden sein. Die Rut-Erzählung wird so zu einer »Geschichte, die bereits in ihrem ersten Satz die kategoriale Differenz in Zweifel zieht, die Dtn 23 zwischen den Moabitern (und Ammonitern) und den Ägyptern (und Edomitern) markiert, und die in der Kerngeschichte, die eine Moabiterin zur Hauptfigur erhebt, auf ihre Weise ebenfalls etwas erinnert und als Zeugnis für die Zukunft (4,9 f.) einschärft«.[38]

So scheint es, dass hier ganz gezielt eine Gegenposition zu denjenigen aufgebaut wird, die eine Aufnahme von Fremden in die Gemeinde verweigern, vor allem auch zur von Esra und Nehemia verworfenen Mischehenpraxis. Wie sehr im Gespräch mit den Esra-/Nehemia-Texten gearbeitet wird, zeigt sich auch am Sprachgebrauch: Die Formulierung *nasa' 'ischah* (zur Frau nehmen) wird vorzugsweise für eine Heirat gebraucht, die nicht im Rahmen des Üblichen stattfindet, so besonders bei Esra und Nehemia im Zusammenhang mit den Mischehen. Wenn im Rut-Buch bei der Heirat der beiden israelitischen Männer mit moabitischen Frauen diese Formulierung verwendet wird, ist darin bereits zu Beginn des Buches ein Hinweis darauf zu sehen, worum es in der Rut-Erzählung

---

37   Vgl. u. a. Morris, 250.
38   Ebach, Fremde in Moab, 289.

geht: »Rut ist da, um denen, die nicht zu lesen verstehen, in Erinnerung zu rufen, dass die göttliche Offenbarung oft eine Abweichung erfordert, die Aufnahme einer radikalen Andersartigkeit, die Anerkennung von etwas Fremdem, das man auf den ersten Blick geneigt wäre, als das Verworfenste zu betrachten. Das ist keineswegs eine Ermutigung zur Abweichung oder zum Proselytentum, sondern eine Aufforderung, die Fruchtbarkeit des anderen zu erwägen. Das ist die wirkliche Rolle Ruts – der von außen Kommenden, der Fremden, der Ausgeschlossenen.«[39] Die Zeichnung der Rut insgesamt wie die Anfangsverse des Buches mit ihrer positiven Sichtweise Moabs lassen den Schluss zu, dass gezielt zu einem grundsätzlichen Wechsel in der Sichtweise des verhassten, abgelehnten und unter Verdikt stehenden Nachbarn aufgerufen wird.

2.2 Eine neue Erzmutter

Bei der Lektüre des Rut-Buches fällt immer wieder der vielfältige Bezug von Rut zu Personen und Geschehnissen der Erzeltern-Erzählungen auf: Gleich zu Beginn ist die Nähe zum Geschehen um Abraham kaum zu übersehen. Das Motiv für das Verlassen des Landes und der Wechsel in die Fremde, motiviert durch eine Hungersnot, erinnern an Abrahams Weg nach Ägypten (vgl. 1. Mose 12,10 ff.; auch 26; hierbei kann eine weitere, fast unmittelbare Analogie angeschlossen werden: Elimelech und Naomi werden beim Verlassen des Landes parallel zu Abraham und Sara dargestellt, dann jedoch wird die Parallele aufgegeben). Eine Analogie zeigt sich auch zur Joseph-Geschichte, wo ebenfalls eine Hungersnot die Motivation für den Aufent-

---

39   Kristeva, 85.

halt Jakobs/Israels in der Fremde bietet (1. Mose 41,53 ff.; 43,1). In all diesen erzählenden Texten wird die Hungersnot einfach konstatiert – im Gegensatz zu prophetischen Texten, wo eine Hungersnot in den meisten Fällen eher als Strafe angekündigt wird (Hos 4,1–3; Amos 4,6). Für die Abraham- und Joseph-Geschichte ebenso wie in der Rut-Erzählung ist die Hungersnot eindeutig nicht Folge, sondern Ursache für den Ortswechsel. Damit ist eine nicht unerhebliche Gemeinsamkeit der drei Textkomplexe gegeben.

Der Weg Ruts von Moab nach Bethlehem kann darüber hinaus in Analogie des Weges Abrahams aus seinem Vaterland nach Palästina gelesen werden. Beide verlassen ihren familiären Hintergrund, ihr Heimatland, um in ein für sie fremdes Land und eine für sie fremde Gesellschaft aufgenommen zu werden (vgl. Rut 2,11 mit 1. Mose 12,1 ff.). Für Rut ist der Weg allerdings mit einer wesentlich unsichereren Zukunft verknüpft, da sie – anders als Abraham – auf keine Verheißungen JHWHs bauen kann. Boas reflektiert den Weg der Rut in Kapitel 2 nahezu in der Terminologie der Erzeltern-Erzählungen. Dazu gehört auch das in 1. Mose 11,28; 24,7; 31,13 begegnende seltene *'äräz molädät* (Vaterland, Geburtsland).[40] Rut wird damit in enge Nähe zu einer der führenden Gestalten der Geschichte Israels gerückt. Indem sie über die enge Anbindung an das Rechtssystem indirekt auch Beziehung zu Mose bekommt (vgl. die Verlesung der Rut-Rolle an Schawuot) und dann über die Geburt ihres Sohnes eng mit David verknüpft wird, geschieht Ähnliches. So wird sie mit den eigentlichen Größen Israels in eine Reihe gestellt, was ihr eine ganz besondere Dignität verleiht.

---

40   Dazu auch Gerleman, 26.

Noch deutlicher erkennbar ist die Nähe Ruts zu den Frauengestalten der Genesis. Indirekte Beziehungen werden zu Sara, Rahel und Lea durch das Motiv der (langen) Kinderlosigkeit (zur Kinderlosigkeit der Erzmütter vgl. 1. Mose 16 f.; 25,21; 29,31; 30; zur Gabe der Empfängnis 1. Mose 21,1–2; 25,31; 29,31; 30,22 f.) hergestellt. Durch den Tod ihrer Söhne gilt dies letztlich ebenso für Naomi. Die Verbindung zu Rahel und Lea wird im Wunsch des Volkes in 4,11 ausdrücklich deutlich: Der Herr mache Rut wie Rahel und Lea. So werden sie miteinander in der Reihe der Ahnfrauen Israels verbunden. Rahel und Lea spielen darüber hinaus noch eine besondere Rolle, die partiell in der Geschichte Ruts anklingt. Die in 1. Mose 29,31–30,24 gezeichnete Geschichte der beiden Frauen kann als Befreiungsgeschichte gelesen werden. Die Verben, die dort das Verhalten Gottes beschreiben, sind in ihrer Reihenfolge die gleichen, die im Zusammenhang des Exodusgeschehens begegnen (dort auf einen Vers verdichtet: 2. Mose 2,24): Gott »sah« (1. Mose 29,31), »hörte« (1. Mose 29,33; 30,17.22), »gedachte« (1. Mose 30,22). In diese Befreiungsgeschichte wird Rut mit hineingenommen, wenn auch Gottes Handeln an ihr mit zurückhaltenderen Formulierungen beschrieben wird. Darüber hinaus bekommen Rahel und Lea erst durch die einander zugewandte Solidarität in ihren eigenen Kindern Zukunft ermöglicht, nachdem sie aus den Erfahrungen von Rivalität und dem Hineingezogenwerden in die ›Politik‹ Labans als Verliererinnen herausgegangen waren.[41] Diese Frauensolidarität findet ihr Spiegelbild in der Rut-Erzählung.

Angesichts der Notwendigkeit, durch provokative Eigeninitiative die Existenz mit Hilfe von Nachkom-

41   Butting, Buchstaben, 37.

men zu sichern, werden die Töchter Lots und Tamar zu ›Kolleginnen‹ von Rut. Das Verhalten Ruts stellt eine Analogie dar: Sie setzt ihren Ruf aufs Spiel, als sie sich zu Boas legt, um eine Chance auf eine neue Beziehung und damit Kindersegen zu erhalten. Zwischen Rut und Tamar bestehen darüber hinaus Verbindungen in verschiedener Richtung: Beide sind Witwen, die kein Kind geboren haben, beide sind auf die Institution des Lösers bzw. des Levirats angewiesen. Wie Tamar wird Rut als eine Fremde gezeichnet, der später eine führende Rolle zugedacht wird (vgl. 1. Mose 38). Die Verbindung zwischen der Tamar- und der Rut-Geschichte ist darüber hinaus durch Perez, den Sohn Tamars, gegeben, der als Vorfahre Boas' gilt.[42]

Auch einige Einzelaspekte verbinden die Rut-Erzählung mit den Erzeltern-Geschichten. So hat die im Prinzip gelingende Integration der Immigranten aus Bethlehem in Moab bzw. der Rut in Bethlehem/Israel ihr Vorbild schon bei den Erzeltern, die sich auf je eigene Weise in die neue Umgebung ›verpflanzen‹ lassen (vgl. 1. Mose 12; 20; 21,22–34). Die Kennzeichnung Ruts als Moabiterin verbindet sie bereits durch ihre Herkunft mit den Erzeltern-Erzählungen, ist doch

---

42 Nielsen, 16, sieht in Rut eine neue und bessere Version der Tamar, ebenso wie sie auch eine neue und bessere Version Abrahams sei: »Rut is here depicted not just as a new and better version of Tamar, but also as a new and better version of Abraham.« Über eine neue Version zu sprechen, ist problemlos nachvollziehbar, die Beurteilung als einer besseren ist jedoch eher problematisch. Die Kontexte der jeweils zur Disposition stehenden Personen sind so unterschiedlich wie die Kontexte der jeweiligen Autoren, so dass auch der Umgang mit der jeweiligen Situation ein anderer sein muss. Die entsprechenden Texte setzen ohnehin ihre je eigenen Akzente angesichts ihrer jeweiligen ›Verkündigungsabsicht‹. Es kann kaum angehen, wertende Urteile zu fällen, ohne die Textpragmatik zu berücksichtigen.

Abb. 8: Juda und Tamar

der aus der erschlichenen Kohabitation zwischen Lot und seiner ältesten Tochter hervorgegangene Sohn der Urahn Moab. Das Stichwort »Ackerkauf« in Rut 4 ist ein weiteres Motiv, das eine Brücke zu den Erzeltern-Erzählungen herstellt, wenn man den Kauf der Höhle Machpela durch Abraham in 1. Mose 23 kontextuell mitdenken kann. Es könnte insofern nahe liegen, als der Kauf der Höhle als Erwerb eines Begräbnisplatzes eine Entsprechung in der Rut-Erzählung mit Ruts Entscheidung für einen bestimmten Begräbnisort hat, die zugleich als Entscheidung für eine bestimmte Kultur und die dahinter stehende Gemeinschaft verstanden werden kann (1,17).

Rut im Kontext der Erzeltern-Erzählungen zu lesen bedeutet, dass sie zu einem unverrückbaren, unanfechtbaren Teil der Geschichte Israels wird. Ihr wird ähnliche Würde zuerkannt wie dem, der für die alles entscheidenden Anfänge steht und in dem sich Israel durch alle Zeiten hindurch wiederfindet. Der Vergleich mit Rahel und Lea macht sie darüber hinaus zu einer der bedeutenden, konstitutiven Gestalten der Geschichte Israels. Dass das besondere Augenmerk hier auf eine Frau gerichtet ist, gibt dem Ganzen eine eigene Dynamik – was wiederum an eine Autorin des Textes bzw. ein besonderes Eintreten für die Frauenperspektive denken lässt. Dass sie später anders als Abraham, Moses und David weitaus weniger Erwähnung findet und diese konstitutive Rolle so kaum mehr zur Sprache kommt, mag ebenfalls an dieser Frauenperspektive liegen.

2.3 Die Solidarische

Das Rut-Buch erzählt mehrfach Erfahrungen von geübter Solidarität, die in erster Linie im Rahmen von Frauenbeziehungen erkennbar wird. Die Rut-Erzählung bildet damit einen Kontrast zu den alttestamentlichen Erzählungen, in denen Frauen als Rivalinnen aufeinander treffen (1. Mose 21,9–21; 30,1 ff.), und zeigt so ein deutlich anderes Frauenbild. Wenn in der Fachliteratur zum Rut-Buch der Aspekt der Solidarität verhandelt wird, steht im Allgemeinen die Solidarität der Rut gegenüber Naomi zur Debatte. Dies ist jedoch viel zu einseitig, wird dabei doch übersehen,

Abb. 9: Naomi und ihre Schwiegertöchter

dass Rut keineswegs die einzige ist, die Solidarität übt. Das Verhalten Naomis in Rut 1,8 ff. ist deutliches Zeichen ihrer Solidarität mit ihren beiden Schwiegertöchtern Orpa und Rut.

Die knappe Skizzierung – die drei Frauen machen sich nach dem Tod ihrer Männer zunächst gemeinsam auf den Weg, unterwegs spricht Naomi zu den beiden Schwiegertöchtern – lässt unausgesprochen, was in Naomi vorgeht, doch kann es ahnungsweise erschlossen werden. An der Reaktion Naomis auf die Entscheidung der Witwen ihrer beiden Söhne, ihr nach

Bethlehem zu folgen, ist einerseits ihr Verantwortungsgefühl den beiden gegenüber erkennbar, denen die Möglichkeit zur Weiterführung ihrer Existenz soweit als nur irgend möglich eröffnet werden muss, andererseits spricht aus ihren Worten die Erfahrung der Witwenschaft ohne (lebende) Nachkommen, die sie mit ihren Schwiegertöchtern verbindet. Im Rahmen ihrer eigenen Denk- und Lebensmöglichkeiten kann ihr Überlegen nur zu dem Schluss führen, dass ein gemeinsames Leben mit ihr zusammen letztendlich den beiden jüngeren Frauen das eigene Leben auf Dauer verunmöglicht. Das Aufsagen der Solidarität von Seiten Naomis geschieht in 1,20 f. allerdings mit anklagenden Worten. Diese lassen völlig außer Acht, was Rut um ihrer Schwiegermutter willen aufgegeben hat, so dass Naomis Verhalten einer Ignorierung Ruts gleich kommt. Die Rede Naomis ist deutlicher Ausdruck für eine Grundeinstellung, die das eigentliche Leben nicht von einer Frau, sondern nur von einem Mann her garantiert sieht. Die Erfahrung damaliger Zeit macht diese Reaktion verständlich, da in einer männerorientierten Gesellschaft die Situation einer verwitweten Frau ohne Sohn durchweg aussichtslos ist. Doch zeigt sie auch deutlich, wie wenig zunächst für Naomi weibliche Solidarität zählt, wenn es um die Sicherung der Existenz geht.

Die Rut-Erzählung stellt diesem Bewusstsein vom Angewiesensein auf männliche Bezugspersonen die tragfähige Erfahrung von Frauensolidarität gegenüber. Sie legt den Ton auf die sich schon in den ersten Worten Ruts zeigende unkonventionelle und kreative Solidarität der Moabiterin und macht nicht die durchaus auch vorhandene, aber in konventionellen Bahnen verbleibende Solidarität Naomis zur Basis. Ihre Solidarität hält sich bis ins letzte Kapitel hin ungebrochen durch und gewinnt mehrfach in konkretem Tun Gestalt.[43] Rut bindet sich an eine Frau aus einer völlig anderen Kultur, anderer Religiosität, wesentlich höheren Alters, mit ungewisser Zukunft – alles Faktoren, die eher gegen eine Bindung sprechen.[44] Dass die Entscheidung trotzdem so fällt, wird zwar nicht unter dem Stichwort der Liebe zu Naomi gefasst, doch die erzählten Elemente wie die verwendete Kategorie der *chäsäd* (Gnade) lassen nicht zu Unrecht davon reden, dass hier Liebe geübt wird.

Diese Solidarität zeigt sich auf vielen Ebenen auch außerhalb der schon mehrfach erwähnten radikalen Grundentscheidung. Wenigstens so radikal wie die Entscheidung von 1,16 f. ist der in Kapitel 3 erzählte nächtliche Gang Ruts zu Boas und ihr Ansinnen an ihn unter Umkehrung aller sozialen Gepflogenheiten. Ein weiteres Indiz ist ihr mühevolles Ährensammeln auf dem Feld, das nicht nur um ihres eigenen Lebenserhalts willen geschieht. Den Höhepunkt aber setzt wohl die Bereitschaft, das von ihr geborene Kind als Kind Naomis gelten zu lassen. Die Geburt des Kindes wird so an die Rolle Ruts als Schwiegertochter, nicht aber als Ehefrau gebunden und gibt damit Naomi ihren Platz in der Gesellschaft zurück, da so das Kind für Naomi die Funktion des Lösers übernehmen kann. Die Interpretation der Geburt des Kindes durch die Frauen in 4,12 gibt dem Geschehen darüber hinaus eine paradigmatische Funktion: »Naomi steht im Zentrum einer

---

43 Rösener, 13: »Hier wird die Treue einer jungen zu einer alten Frau zum Vorbild des Glaubens gemacht.« – ein Satz, der vielleicht so doch etwas überzogen ist?

44 Wie die gegenteilige Entscheidung ihrer Schwägerin Orpa zeigt, die zwar kritiklos hingenommen wird, aber eben doch Orpa nicht mit hineinnehmen kann in das Beispiel für gelingende und kraftvolle Frauensolidarität.

neuen gesellschaftlichen Ordnung, wohin die Liebe Ruts sie gestellt hat. Die Gemeinschaft dieser Frauen und nicht das Vaterhaus Boas' ist Bild und Vorbild der Zukunft Israels.«[45] Die Frauen der Rut-Erzählung bilden so bereits die ›Frauennetzwerke‹ ab, die mit ihrer gestaltenden Kraft der Solidarität in unserer Gegenwart auf dem Weg sind, gesellschaftliche Wirklichkeit zu verändern. Das Buch Rut ist ein Beispiel dafür, dass auch schon im alten Israel Frauen die Möglichkeit zu autonomem Handeln hatten und ihren Anteil beitragen konnten zur Gestaltung sozialer Wirklichkeit.[46]

Die Solidarität Ruts gegenüber Naomi drückt sich auch in den Verben *dabaq* (anhängen) und *'azab* (verlassen, der bisherigen Heimat) aus, die beide in 1,14.16 gebraucht werden. In 1. Mose 2,24 werden sie im Blick auf die Beziehung Mann-Frau verwendet, im Buch Rut bezeichnen sie die intensive Bindung der einen Frau an die andere. Rut tritt damit faktisch an die Stelle des Mannes von Naomi. Dass Rut eine eigentlich männliche Position besetzt, drücken ebenso die anerkennenden Worte der Frauen von Bethlehem in 4,15 aus, wonach Rut besser als sieben Söhne sei. Die erneute Aufnahme von *'azab* (verlassen) in 2,11 als Hinweis auf das Verlassen von Vater und Mutter (1. Mose 2,24), in Kombination mit dem Auszug Abrahams aus seiner Heimat (1. Mose 12,1), »läßt die Vermutung zu, daß die Erzählerinnen und Erzähler die beiden Genesisstellen als zwei sich wechselseitig interpretierende Texte verstanden haben; d. h. zum einen, daß, wenn es mit rechten Dingen zugeht, die in

---

45 Butting, Buchstaben, 40.
46 Vgl. Meyers, Neighborhood, 126: »the quasi-autonomy of women's network in ancient Israel would have empowered women by virtue of the positive contribution such as alliances made to the overall social fabric«.

Gen 2,24 beschriebene Gemeinschaft von Mann und Frau aus einem dem Auszug Abrahams vergleichbaren Aufbruch des Mannes aus alten, herrschaftlichen Bedingungen entsteht; d. h. zum anderen, daß Abrahams Auszug, wenn es mit rechten Dingen zugeht, als Aufbruch zu geschwisterlichem Leben von Frauen und Männern interpretiert werden muß.«[47] Das ist zwar in dieser Sichtweise sehr schön und erstrebenswert, doch darf nicht übersehen werden, dass sich beides in der Person der Rut verbindet und somit sie diejenige ist, die aufbricht. Dass die Rede aus dem Munde des Boas kommt, heißt nicht automatisch, dass er sich in der Rolle dessen wiederfindet, der aus den üblichen Fixierungen in der Mann-Frau-Beziehung heraustritt, wenngleich sein weiteres Verhalten einen Aufbruch in diese Richtung anzudeuten scheint.[48] Die eigentliche Parallele ist erneut die von Rut zu Abraham. Sie vollzieht mit dem Aufbruch aus der Heimat auch den aus den geltenden gesellschaftlichen Rahmenbedingungen und lädt Boas ein, auf andere Weise diesen Aufbruch mit ihr zu wagen. Es ist die Frau, nicht der Mann, die den eigentlichen Aufbruch vollzieht. Und die Frau tut es nicht nur um ihrer selbst, sondern auch (und vor allem) um der anderen Frau willen, mit der sie sich in einer Schicksalsgemeinschaft befindet. So wird das Rut-Buch zu einem Plädoyer für geübte Frauensolidarität.

---

47 Butting, Buchstaben, 41, Anm. 53.
48 Einen klaren Kontrast finden wir im namenlosen Löser von Kapitel 4, wenn wir Kluger, 89, zustimmen, die in ihm angesichts der Nichtnennung des Namens eine Schattenfigur (des Boas) sieht: »While he accepts the inheritance, the ›property‹ of the old, the traditional masculine, he is unwilling or unable to accept the estranged, now foreign, feminine (eros) addition, to raise through her a new heir for the old heritage. He represents the old ways, opposed to a new development.«

Abb. 10: Naomi und Rut

Die Hochschätzung der Solidarität von Frauen untereinander klingt indirekt noch an einer ganz anderen Stelle an. Sie wird ausgerechnet Männern in den Mund gelegt, denn diese sind es ja wohl, die man sich unter dem ›Volk im Tor‹ vorzustellen hat, insbesondere, wenn in 4,11 von den Ältesten die Rede ist: Ihr Wunsch, dass Rut Rahel und Lea gleichen möge, lässt sie mit ihnen als Begründerinnen des Volkes in einer

Reihe stehen und räumt diesen Frauen insgesamt einen äußerst hohen Rang ein. In biblischen Texten gilt sonst Jakob, der Mann Rahels und Leas, als derjenige, der Israel repräsentiert; hier findet er nicht einmal Erwähnung. Allein die Beziehung, die zwischen den Frauen hergestellt wird, ist von Bedeutung. Dieser Wunsch *kann* in seiner Außergewöhnlichkeit darauf hindeuten, dass hier eine Frau formuliert hat. Letztendlich drückt sich in diesen Worten auch ein starker Wunsch nach (erträumter?) Solidarität von Männern mit Frauen aus. Das begegnet noch einmal ganz analog in der überraschend positiven Wertung der Tamar in Rut 4,12 – wiederum in Männermund![49]

Doch auch im Verhalten des Boas zeigt sich Solidarität gegenüber der Frau, da sein helfendes Handeln von Anfang an ganz ohne den sonst häufigen Begleitaspekt der Erniedrigung bleibt. Boas hilft den Frauen nicht aus gesetzlicher oder moralischer Verpflichtung, sondern aus freier Entscheidung heraus.[50] Mit Boas' Worten in 2,11 kommt noch ein weiterer Zug hinzu: Er weiß zwar um die Not der Frauen, übernimmt aber nicht selbst die Initiative. So bleibt auch auf der Erzählebene die Geschichte ganz die der aktiven, initiativen Rut wie auch der Naomi.[51]

---

49 Allerdings ist Butting, Buchstaben, 41, insofern zuzustimmen, als hier doch »die bleibende Androzentrik der Glückwünsche« durchklingt, denn letztlich zielen die Wünsche auf die Stärke des Hauses Boas'.

50 Die Bezeichnung Boas' als Elimelechs Freund unterstreicht dies, wenn wir in 2,1 dem masoretischen Lesevorschlag (dem sog. Qere') zum dort zu findenden *mjd'* folgen. Wenn wir jedoch dem Schreibvorschlag (dem sog. Ketib) folgen, ist vom *mwd'*, also dem Verwandten, die Rede, was für den späteren Verlauf der Erzählung wichtig wird.

51 Wie Witzenrath, 325 f., aufzeigt, ist zwar Naomi in der Beziehung Naomi-Rut eher die rezeptive, doch das gilt keineswegs

Das Phänomen der Solidarität kommt interessanterweise auch auf der Ebene der Textstruktur zum Tragen. In Kapitel 1 ist die Geschichte eher eine Naomi-Geschichte, alles ist in erster Linie auf sie hin erzählt. In Kapitel 4 wird am Ende dieser Bezug wieder hergestellt und so der Bogen nahezu geschlossen. Im Zentrum der Erzählung hingegen steht Rut. Beide werden aufeinander bezogen, die ›Rehabilitation‹ Naomis wird durch Rut möglich, Naomi wiederum bringt in Kapitel 3 auch Rut auf dem Weg zu ihrer Lebenssicherung voran. Der Aufbau der Erzählung dürfte so kein zufälliger sein.[52]

2.4 Die Selbstbestimmte

Wie bereits angedeutet, ist Solidarität keineswegs identisch mit Selbstaufgabe oder völliger Unterordnung. In der Figur der Rut wird eine Persönlichkeit gezeichnet, in der sich Solidarität in hohem Maße mit Selbstbestimmung paart.[53] Bereits in Kapitel 1 kann von Gefügigkeit keine Rede sein, ebenso wenig wie im weiteren Verlauf der Erzählung, besonders in Kapitel 3: Rut setzt sich gleich zweimal deutlich erkennbar über die Wünsche der Älteren, der Schwiegermutter, hinweg. Ihre Verweigerung des Weges zurück in ihre eigene Familie durchbricht den gewohnten Rahmen, der ebenso für Naomi das gesellschaftlich-familiäre Leben bestimmt hat, und wird so auch für diese zu einer

---

durchgängig (vgl. u. a. Kapitel 2). In der Beziehung Rut-Boas dominiert die Initiative auf Seiten Ruts.

52 Genaueres zur Textstruktur unter B 2.4.
53 Kristeva, 83, kann nicht zugestimmt werden, wenn sie schreibt: »Immer gefügig gegenüber ihrer Schwiegermutter, macht sich Ruth zur Gehilfin ihrer Wünsche«, denn sie sitzt hier dem allgemeinen Bild über Rut auf, das in der älteren (Kommentar-)Literatur oft begegnet.

Provokation. Zum anderen zeigt in Kapitel 3 Ruts Verhalten gegenüber Boas, dass sie zwar Naomi ihre Bereitschaft signalisiert, deren Worten entsprechend zu handeln und auf Boas' Anweisungen zu warten und zu reagieren. In der konkreten Situation ergreift sie aber selbst das Wort und erteilt Boas Anweisungen. Von Verzicht auf den eigenen Weg[54] kann dabei gar keine Rede sein, denn sie entscheidet und handelt aus eigenen Einsichten heraus. Damit unterscheidet sie sich wesentlich von dem über lange Zeit gewohnten Frauenbild. Der eigene Weg wird gerade darin sichtbar!

Wenn in Kommentaren von »der ein wenig verschlagenen, aber wohlwollenden Noomi und der zart demütigen Rut«[55] die Rede ist oder im Blick auf Rut 2 über »die von feiner Zucht erfüllte, demütige Bereitschaft der Fremden«[56] geschrieben wird, übersehen die Autoren dieses eben geschilderte Miteinander schlicht. Auch die Darstellungen der bildenden Kunst, die zumeist ein entsprechendes Bild zeichnen, können sich diesem Vorwurf nicht entziehen. Zwar weist eine Formulierung wie die von 2,2 (in dessen Auge ich Gnade gefunden habe) auf das Verhältnis zwischen Höherem und Niedrigerem und mag zur Unterstützung des eben dargestellten Bildes dienen. Doch sagt die Wendung als solche noch gar nichts über die Einstellung des/der sozial Niedrigeren aus. Die angesprochenen Züge sind bei genauem Hinsehen jedenfalls kaum zu entdecken. Vielmehr zeigt sich durchgehend die von Eigeninitiative bestimmte Aktion wie Reaktion Ruts. So steht Rut in der Reihe der Frauen, die ihr Geschick selbst in die Hand nehmen, um ein(en) Kind/Sohn zu bekommen: Zu denken ist an

---

54 So Würthwein, 11.
55 Gerleman, 2.
56 Haller, 11.

Sara, die sich der Hagar bedient (1. Mose 16), an Lots Töchter, aus deren Verführung ihres eigenen Vaters die Söhne Moab und Ammon hervorgehen (1. Mose 19), und an Tamar, die sich von ihrem Schwiegervater Nachwuchs verschafft (1. Mose 38).

Auch für Orpa gilt die Selbstbestimmtheit, wenngleich ihre Entscheidung zu der von Rut gegenläufig ist. Wenn sie dem Ansinnen Naomis folgt und damit dem gesellschaftlich üblichen Handeln entspricht, muss das noch nicht heißen, dass diese Entscheidung eine fremdbestimmte ist. Eine leicht zu übersehende sprachliche Einzelheit unterstreicht sehr deutlich Orpas Eigenbestimmtheit: Nicht der Kuss Naomis bringt den eigentlichen Abschied, sondern der danach folgende Orpas, den sie der Naomi gibt.[57]

Liest man 2,7 in Verbindung mit 2,2, scheint das Bild der selbstbestimmten Rut einen Sprung zu bekommen, denn es mutet sonderbar an, dass Rut um Erlaubnis zum Sammeln der liegen gebliebenen Ähren bitten will. Nach den Bestimmungen von 3. Mose 19,9 f. und 5. Mose 24,19 ist das eigentlich nicht nötig, da in ihnen den Bedürftigen die Nachlese auf den Feldern rechtlich garantiert ist. Die Absicht der Rut ist damit eigentlich überflüssig, rührt aber möglicherweise daher, dass sie als Immigrantin in einer für sie fremden Gesellschaft, noch dazu als Frau, größere Vorsicht walten lassen muss. Deutlich bleibt jedoch die Initiative vor Augen, die Rut entwickelt, denn die Gunst, für die sie dankt, ist eine, die sie herausgefordert hat. Damit wird ihre Eigenständigkeit unterstrichen, und Boas' Frage »Wem gehört dieses Mädchen?« in 2,5 verliert an Gewicht im Blick auf die Einschätzung der sozialen Stellung Ruts.

57   Dazu Trible, 19 f.

Die Selbstbezeichnung der Rut in 2,13 (b) als Dienerin ist ebenso nicht grundsätzlich ein Zeichen der Unterwürfigkeit. Diese Selbstbezeichnung gegenüber Boas als *schifchah* (Magd) in 2,12 f. könnte auf eine Unterordnung hindeuten wie etwa in 2. Mose 11,5, wo sie eindeutig eine Bezeichnung für das untere Ende im herrschenden gesellschaftlichen Gefüge ist. In 1. Mose 16 dient die Bezeichnung der Klassifizierung Hagars, die insoweit die Stelle ihrer Herrin einnimmt, als sie statt derer Abraham den ersehnten Sohn gebiert (vgl. auch Bilha und Silpa). Damit ist dort keine Rede mehr von einer niederen sozialen Stellung, wenngleich die Kritik an Hagars Verhalten nach der Geburt des Kindes beachtet werden muss, mit der sie deutlich in ihre Schranken verwiesen wird. In Rut 2,12 f. dient die Selbstbezeichnung offensichtlich einer literarischen Vorwegnahme dessen, was im Späteren erzählt wird: das stellvertretende Gebären des Nachfolgers. Somit bekommt *schifchah* (Magd) eine wesentlich positivere Konnotation als zunächst gedacht.[58] Wenn man die ähnliche Selbstbezeichnung in 3,9 hinzunimmt, bei der Rut aus eigenem Entschluss gegenüber 2,13 eine hebräische Bezeichnung wählt, die einen höheren Rang ausdrückt, zeugt dies durchaus auch von Selbstbewusstsein.

Ebenso ist die Aussage, dass der Sohn, den Rut geboren hat, ein Sohn für Naomi sei, kein Zeichen der Selbstaufgabe. Anders als bei Hagar, Silpa und Bilha, die quasi als Leihmütter benutzt werden, um den zunächst kinderlosen Herrinnen Nachwuchs für ihre Männer zu verschaffen, handelt es sich bei Rut um

---

58 Robertson Farmer, 918: »However, *sipha* is also closely related to the Hebrew word for ›clan‹ or ›extended family‹ [...] It is possible that a family servant was considered a member of his or her owner's clan.«

einen Akt der freien Entscheidung, dass dieses Kind (auch) das Leben Naomis wiederherstellen soll. Dass damit jedoch Rut als Mutter nicht ausgeschaltet wird, zeigt die das Buch abschließende Genealogie.

Zur Selbstbestimmtheit Ruts tritt das Selbstbewusstsein der Frauen in Rut 4. Deren Auftritt durchbricht das übliche Muster der Rede von der Zeugung eines Sohnes.[59] Es wird auf unterschiedlichen Ebenen, die einander ergänzen, nicht aber ausschließen, von der Bedeutung des Sohnes gesprochen, die zugleich auch Rut ihr Ansehen belässt. Kapitel 4 zeigt insgesamt gegenüber den vorausgehenden drei Kapiteln ein stärkeres Zurücktreten der Dominanz der Frauen. Wo es zur offiziellen öffentlichen Verhandlung kommt, lässt die patriarchale Gesellschaftsordnung den Frauen keine Möglichkeit mehr, initiativ zu werden und ihre Angelegenheiten selbst zu vertreten. Die öffentliche und damit relevante Entscheidungskompetenz ist ganz dem Mann zugeschrieben. Und doch bleibt dies ›nur‹ die offizielle Seite. Die eigentliche Entscheidung ist aufgrund der Initiative Ruts und der aktiven Reaktion Boas' bereits vollzogen. Dem offiziellen Bild wird so korrigierend das unkonventionelle vorgeschaltet.

---

59 Vgl. dazu Butting, Buchstaben, 44 f.: »Die formale Unterbrechung von der Genesis des Sohnes erzählt auf diese Weise von dem Eingriff von Frauen in die gesellschaftliche Normalität. Frauen intervenieren als Erzählerinnen in die Geschichtsdarstellung als Bewegung vom Vater zum Sohn und bestreiten damit die Macht und Funktion des Vaterhauses. Eine Gruppe von Frauen tritt als neues Vorbild gesellschaftlicher Ordnung an die Öffentlichkeit.«

2.5 Die ›Beziehungsreiche‹

Zu Beginn von Kapitel 1 ist das Geschlechterverhältnis noch eindeutig zugunsten der männlichen Seite bestimmt: drei Männer im Gegenüber zu einer Frau. Im Verlauf der Erzählung tritt durch die Mitteilung vom Tod der Männer eine Verschiebung zugunsten der weiblichen Seite ein.[60] Die sich damit ergebende Gewichtung wird weitgehend bis zum Ende der Erzählung durchgehalten und verändert sich erst wieder mit der Genealogie am Ende von Kapitel 4. Wo Rut als handelnde Person auftritt, ist das Geschlechterverhältnis eindeutig zugunsten der Frauen gezeichnet. Noch dazu sind die eigentlichen Akteure zumindest in Kapitel 1 bis 3 Frauen. Sie sind es auch, um deren Geschick sich eigentlich alles dreht. Die Rede vom Haus der Mutter, die das im Alten Testament gewohnte virilokale, am Wohnort des Mannes/Vaters orientierte Denken durchbricht, ist auch in dieser Hinsicht nicht uninteressant, denn es »hebt diese Redewendung die radikale Trennung dieser Frau von allen Männern hervor. Sie stellt die gegenwärtige Realität der Vergangenheit und Zukunft entgegen.«[61]

Das Rut-Buch schildert zwar die Solidarität von Frauen als *das* Leben stiftende Element, doch weiß es sehr wohl, dass vollgültige Zukunft nicht ohne männliche Bezugsperson möglich ist. Witwenschaft bedeutet einen geringen sozialen Status.[62] Orpa wie Rut müssen

---

60 Vgl. demgegenüber die genau umgekehrte Relation beim Weggehen Lots aus Sodom (Lot + Ehefrau + zwei Töchter).

61 Trible, 194.

62 Vgl. Jost, 105: »Witwe zu sein in einer Gesellschaft, in der die soziale Stellung einer Frau durch Vater, Ehemann oder Söhne bestimmt wurde, bedeutete nicht nur wirtschaftliches Elend, sondern hieß auch sozial abseits zu stehen, überall geduldet, aber nicht erwünscht, und deshalb namenlos zu sein.«

angesichts der damaligen männlich strukturierten und orientierten Gesellschaft wieder heiraten, um ein erfülltes Leben führen zu können. Für die damalige Gesellschaft war das ganz eindeutig, doch hat sich daran in vielen heutigen Lebensvollzügen nur wenig geändert.

Die Darstellung der Beziehung zwischen Boas und Rut ist – trotz der unterschiedlichen sozialen und ethnischen Herkunft sowie ihrer geschlechterdifferenten Sozialisation – nahezu partnerschaftlich.[63] »Indem die Erzählung den Boas ›zitieren‹ läßt, was die Erzählung zuvor über Boas sagte, [er]scheint auf der narrativen Ebene eine symmetrische Beziehung zwischen Boas und Ruth, Mann und Frau, die auf der sozialen und juridischen Ebene nicht besteht.«[64] Die ›Gleichrangigkeit‹ zeigt sich nicht zuletzt darin, wie sich Rut und Boas in Kapitel 3 zueinander verhalten. Boas ist zwar der Handelnde, die Initiative geht jedoch von Rut aus. Ebenso ist in der Szene auf dem Feld Rut diejenige, die die Fäden zieht, auch wenn das Angebot zur Hilfe von Boas kommt. Das Phänomen, dass die Beziehung von Rut zu Boas der Beziehung zu Naomi nahezu durchgängig untergeordnet wird, unterstreicht dies.

Die Charakterisierung als *chajil*, die sowohl für Boas (*gibbor chajil* [angesehener Mann], 2,1) als auch für Rut (*'eschät chajil* [tugendsames Weib][65], 3,11: im Munde Boas'!) verwendet wird, verweist in ihrem parallelen

---

63 Das mag auch Zakovitch, 20, zu seiner Äußerung geführt haben: »Zunächst fällt im Buch Rut die Darstellung des harmonischen Zusammenwirkens zwischen Männern und Frauen auf.«

64 Ebach, Fremde in Moab, 295.

65 Hier zeigt sich einerseits, wie sehr Übersetzung von vorgeprägten Einstellungen beeinflusst ist und andererseits, dass Übersetzungen oft die sprachlichen Feinheiten in der Darstellung des Urtextes nicht berücksichtigen. Die Parallelität wird von der Lutherübersetzung einfach negiert!

Gebrauch auf eine Gleichsetzung beider.[66] Durch die parallele Charakterisierung werden Rut und Boas zu Personen, die einander entsprechen, geradezu kongenial, und damit bestens für das Zusammenleben geeignet sind. Dennoch erfährt Boas eine Präferenz, denn er ist als *gibbor chajil* Mitglied der Gruppe der Vollbürger und damit zur Versorgung einer Lebensgemeinschaft in der Lage. Die erwähnte Verwandtschaft mit Elimelech macht ihn zudem in erweitertem Sinne leviratsfähig, und auch so wird er letztlich zum Garanten für die weitere Existenz. Auffällig ist hingegen, dass über die Charakterisierung Boas' als *gibbor chajil* hinaus keine weitere Beschreibung erfolgt. Sein näherer Lebenskontext bleibt ohne Bedeutung für die Rut-Erzählung. Damit tritt er auf der Erzählebene eher in den Hintergrund.

Auch die Art, wie im Rut-Buch die Institution des Lösers verhandelt wird, lässt auf ein Zurücktreten der Dominanz des Mannes schließen: »Mit der Analyse, daß die Institution der Ehe das Elend von Witwenschaft und Kinderlosigkeit nicht löst, wird der Löser und Israels Gott von der heterosexistischen Festlegung befreit, die dem Haus eines Mannes erlösende Funktion zuspricht. Obed ist ein Sohn zweier Frauen. Er gibt der Hoffnung eine Gestalt, daß Männer in ihrem Herkommen und ihrer Geschichte den Abbruch der patriarchalen Ordnung bezeugen werden. Die Geschichte Ruts wird von ihm nicht abgelöst. Rut bleibt in ihrer Liebe zu Naomi eine Vorgängerin des Lösers, der in ihrer Praxis ersteht und dessen Rolle mit der Erzählung ihrer Liebe vorgeschrieben wird.«[67]

---

66 Robertson Farmer, 915: »In both contexts, *hayil* refers to the way Boaz and Rut are perceived in the community. The use of *hayil* in both verses seems to suggest that they are as well-matched pair.«

67 Butting, Buchstaben, 46.

Der Gebrauch des hebräischen Verbums *qanah* (erwerben) in Rut 4,5 ist sehr sorgfältig zu prüfen. *Qanah* begegnet vor allem, wenn es um den Besitzwechsel von Waren geht. Beim Kauf von Sklaven (1. Mose 39,1: Josef; 2. Mose 21,2; Neh 5,8: Schuldsklaven bzw. zum Freikauf von Sklaven vgl. 2. Mose 15,13.16; Ps 74,2) ist dieser Kontext in weiterem Sinne auch gegeben, denn sie werden dem Besitz zugerechnet (vgl. die Aufreihung im Dekalog 2. Mose 20,17; 5. Mose 5,21). Denkbar ist auch die Zahlung eines Brautpreises,[68] doch der konkrete Text gibt keine unmittelbaren Hinweise darauf. Das Alte Testament kennt aber auch eine eher bildhafte Verwendung des Verbs, die u. a. in der Weisheitsliteratur zu finden ist: Es beschreibt den Erwerb von Weisheit, ohne dass eine materielle Gegenleistung erwartet wird (Spr 4,5.7; 16,16; 17,16). Zu erinnern ist beim Gebrauch von *qanah* ferner an den Kontext des Jobeljahrs und den des Lösens (vgl. Jer 32), wobei vor allem letzterer der Rut-Erzählung besonders nahe steht. Auch die Verwendung von *qanah* in 2. Mose 15,16, um die Bindung Gottes an sein Volk auszudrücken, spricht gegen das Verständnis einer Kauftransaktion. Insgesamt gesehen muss in Rut 4,5 das Geschehen zwischen Boas und Rut keinesfalls im Sinne eines Kaufgeschehens interpretiert werden. Es ist damit auch nicht angemessen, von daher das Verhältnis von Mann und Frau zu bestimmen. Gleiches gilt für das Verständnis des Verbums *machar* in Rut 4,5, das häufig im Sinne von verkaufen und damit als semantische Parallele zu *qanah* benutzt wird.[69] *Qanah*

---

68 »A concept of marriage by purchase?« Campbell, Ruth, 142 – aber es ist keine Rede von einem Brautpreis.

69 Rudolphs Formulierung, 64, »Der Erwerb des Ackers ist an den Erwerb der Witwe gebunden« bleibt demzufolge eine unglückliche.

kann in weiterem Sinne als »legal erwerben« oder als ›ererbt‹ verstanden werden.

Eine besondere Rolle im Kontext der Relation Mann-Frau kommt der Rede vom *Haus der Mutter* zu: Nach 1. Mose 38,11; 3. Mose 22,13 kehren Witwen in das *Haus ihres Vaters*[70] zurück. Für die Formulierung in Rut 1 kann eventuell noch auf Hld 3,3 f.; 8,2 verwiesen werden, auch auf 1. Mose 24,28. Naomis Rede vom Haus der Mutter kann allerdings auch ein Hinweis darauf sein, dass in Moab stärkere matriarchale Strukturen als in Israel herrschten. Naomi selbst gehört jedoch eher zur patriarchalen Gesellschaftsordnung Israels.

Die Dominanz des Männlichen scheint sich dennoch im Rut-Buch durchzusetzen, wenn wir auf Kapitel 4 schauen: »Freilich zeigt das Bild des Glücks am Ende wieder das patriarchale Ideal der Mutter mit dem Sohn – nicht mit der Tochter – auf dem Schoß. Nur mit dem männlichen Nachkommen ist schließlich die gesellschaftliche Wiedereingliederung und damit auch die Altersversorgung für Noomi gewährleistet. Die Frauen von Bethlehem geben aber selbst diesem Bild den Rahmen der weiblichen Geschichte.«[71] Die geschilderten Szenen im Tor wie das Handeln des Boas insgesamt verlassen die gesellschaftliche Norm nicht und treten nicht aus dem gewohnten rechtlichen Rahmen heraus. So sind es wiederum und weiterhin Männer, die letztendlich über das Geschick der Frauen entscheiden. Eine Abschwächung der Dominanz des Männlichen erfolgt immerhin durch die Frauen von Bethlehem, die dem Geschehen nach der Geburt des

---

70 Robertson Farmer, 903: »In each case this phrase appears in a story about or by a woman, and in each case the context is related to marriage arrangements.«

71 Fischer, Gottesstreiterinnen, 189.

Sohnes die entscheidende Interpretation geben (4,15: Denn deine Schwiegertochter, die dich geliebt hat, hat ihn geboren, die dir mehr wert ist als sieben Söhne) und damit eine wichtige Korrektur vollziehen.[72]

Vor allem in Kapitel 3 spielt das Thema Sexualität mehr oder weniger offen eine Rolle. Der erste Hinweis findet sich in Naomis Aufforderung an Rut, sich zu baden und zu salben. Die Rede vom Salben findet sich mehrfach im Hohenlied in eindeutigen Kontexten (vgl. Hld 1,3.13; 3,6; 4,14; 5,1.5.13; auch Est 2,12; Spr 7,17 mit sexueller Konnotation; vgl. auch das Bild vom Korn-haufen im Hld 7,3 als Bild für den Körper des Gelieb-ten), so dass auch in Rut 3 der sexuelle Anklang mit-schwingt. Ähnlich ist der Gebrauch des Verbs *schachab*. Es bedeutet einerseits ganz konkret das Sich-Nie-derlegen und wurde möglicherweise auch so in Rut 3 verwendet und damit anders als in der Erzählung von Lots Töchtern nicht explizit in sexuellem Sinn ge-braucht. Angesichts des Kontextes ist jedoch die sexuelle Konnotation nicht auszuschließen.[73] Ähnlich-es gilt auch für *jada'* (erkennen). *Schachab* und *jada'*, bei-des Verben mit möglichen sexuellen Anklängen, wer-den in Kapitel 3 in allen drei Szenen (1–7; 8–13; 14–18) verwendet. Es scheint, dass sie bewusst offen ge-braucht werden und so den Lesenden die Möglichkeit

---

72 So erscheint dann Tribles Verdikt, 222, doch etwas überzogen: »Insgesamt ist die patriarchale Besetzung der 4. Szene dem Buchstaben und Geist der ersten drei Szenen fremd, wenn auch nicht der Kultur Israels. Sie verlegt den Schwerpunkt und sieht Rut ausschließlich als ein Gefäß für männliche Fort-pflanzung an. Die Szene ist allerdings voller Ironie. Wenn Orpa ein nachahmenswertes Beispiel ist, so ist der namenlose Ver-wandte ein abschreckendes. Wenn Boas nun der verantwort-liche Patriarch ist, so sind es die beiden Frauen, die ihn zur Pflichterfüllung aufgerufen haben.«

73 So mit Fuchs, 78.

Abb. 11: Rut und Boas

einer genaueren, eindeutigeren Füllung überlassen bleibt.[74]

Das verwendete Leitwortfeld in Kapitel 3 – *schachab* (niederlegen), *lajlah* (Nacht), *galah* (aufdecken) – ist das Wortfeld der »irregulär gelebten Sexualität«, »mit der auch die beiden ›Gründungslegenden‹ der Herkunftsfamilien von Rut und Boas, Gen 19,30–37 als Ursprungsgeschichte der Moabiter und Gen 38 als Erzählung über die Entstehung des Stammes Juda, eingespielt werden«[75]. Wenn die Formulierung »Beine aufdecken« in 3,17 ff. als euphemistischer Ausdruck verstanden wird und die Bitte an Boas, einen Zipfel seines Gewandes über sie zu decken, als Heiratsantrag, so entspricht das diesem Befund.

Das Thema ›Sexualität im Rut-Buch‹ wird in der Literatur wohl mit der höchsten emotionalen Intensität verhandelt. Dies wird noch dadurch verstärkt, dass sich Rut durch ihr Verhalten Boas gegenüber in eine Reihe mit den Töchtern Lots bzw. Tamar stellen lässt. Als Beispiel mag die Bemerkung Hallers genügen: »Dreimal wandelt das AT das Motiv von dem Weibe ab, das um jeden Preis, auch um den der eigenen Ehre, sich Nachkommenschaft zu erzwingen weiß.«[76] Haller über-

---

74 Die Instruktion der Naomi an Rut in Rut 3,1–4 trägt nach Kluger, 70, Züge der Vorbereitung für einen hieros gamos, für eine Heilige Hochzeit, wenn man sie mit den Anweisungen an Tammuz vergleicht, sich mit der Göttin Ischtar zu vereinigen. Vgl. auch Kluger, 82, zu 3,14–17: »This is the new development of the old motif of the *hieros gamos*, that it be dealt with also in consciousness, and that the unity, the wholeness, which it represents, be made real in *this* world.«

75 Fischer, Rut, 198. Der Gebrauch von *galah* ist dabei möglicherweise eine Anspielung auf das Inzestverbot in 5. Mose 23,1 und würde dann deutlich machen, dass die Verbindung von Rut und Boas im Rahmen des Levirats keine inzestuöse ist, Fischer, ebd., 202.

76 Haller, 1.

sieht wie viele andere vor und nach ihm, dass alle hier eingeschlossenen Frauen sich die Ursache ihres Verhaltens nicht selbst ausgesucht haben, sondern sie entweder vom Schicksal oder durch schuldhaftes männliches Verhalten (Verweigerung oder Unterlassen von Hilfeleistungen) in die Situation hineingezwungen wurden. Der männlichen Perspektive entgeht leicht, was es für Frauen bedeutet, zum einen in einer von Männern geprägten Gesellschaft auf männliche Nachkommen angewiesen zu sein und kein völlig eigenverantwortetes Leben führen zu können und zum anderen den eigenen Körper einsetzen zu müssen, um überhaupt Zukunft zu schaffen und leben zu können.[77] Das verführende Handeln der geschilderten Frauen wird im Alten Testament keinesfalls als unmoralisch gewertet. Als Kinderlose und Fremde sind sie in einer patrilinearen Gesellschaft ausgeschlossen und können nicht von den lebenserhaltenden Vorteilen, die durch Ehemänner bzw. Väter gegeben sind, profitieren. So bleibt ihnen um des Erhalts des Lebens willen nur die Möglichkeit, sich durch Eigeninitiative die Sphäre der Männer in ihre eigene Existenz hereinzuholen – und sei es durch überraschend ungewöhnliche Aktionen.[78]

Interessant ist die Reihenfolge der genannten Frauen, wie sie in der Bibel vorkommen: Lots Töchter – Tamar – Rut. In dieser Aufreihung gibt es eine

---

77 Vgl. Trible, 211, zu Ruts Begegnung mit Boas auf dem Feld bzw. auf der Tenne: »Beide Male hat die Frau den Mann überrascht: sie hat die Initiative ergriffen, um unter der Bedrohung des Todes das Leben zu suchen.«

78 Fuchs, 83. Würthwein, 18, sieht in dem geschilderten Vorgehen sogar eine Aufgabe: »Für die Frauen, insbesondere für Rut, handelt es sich um ein pflichtmäßiges Vorgehen, durch das der Name eines Verstorbenen wieder aufleben soll (4,5.10).« In Kapitel 3 dürfte es aber kaum um die ›Weiterexistenz‹ der Verstorbenen gehen, wie der Hinweis auf den Löser zeigt.

fortwährende Abschwächung im Grad der familiären Beziehung. Während es bei den Töchtern Lots der Vater ist, mit dem sie sexuelle Beziehungen aufnehmen, ist es bei Tamar der Schwiegervater, bei Rut ein angeheirateter Verwandter. Auch der Grad der Intensität in der Aufnahme der Beziehung reduziert sich. Die Kohabitation mit Lot geschieht mit Hilfe der Ausschaltung seines Bewusstseins, indem er von seinen Töchtern betrunken gemacht wurde. Juda hingegen ist bei vollem Bewusstsein, aber in Unkenntnis über die Identität der sich ihm anbietenden, verhüllten Frau.

Abb. 12: Tamar, die Schwiegertochter des Juda

Boas wird von Rut zwar im Schlaf überrascht, doch alles Weitere vollzieht sich in voller Kenntnis der Situation.[79] Die Abschwächung in der Beziehungsaufnahme ist kontextuell ganz bewusst vollzogen. Trotz ihres durchaus unkonventionellen, provokativen Verhaltens wird Rut so frei gehalten von jedem moralisch urteilenden Nebenton.[80] Das dürfte auch damit zusammenhängen, dass Rut anders als Tamar bzw. Lots Töchter den außergewöhnlichen Schritt nicht primär um ihrer selbst willen, sondern um Naomis willen tut.[81] Letztlich geschieht so die Fortsetzung von dem, was auf dem Weg von Moab nach Bethlehem begonnen hat.

2.6 Die Moabiterin Rut und die israelitische Tora

Das Buch Rut ist zwar von seiner Gattung her kein Rechtscorpus, dennoch spielen im Verlauf der Erzählung mehrere Rechtsvorschriften bzw. deren Auslegung und Anwendung eine Rolle. Die erste Begegnung Ruts mit dem altisraelitischen Recht finden wir in Rut 1,11–13 im Zusammenhang mit der Aufforderung Naomis an ihre verwitweten Schwiegertöchter, in das Haus ihrer Mütter zurückzukehren, da von ihr

---

79 Vgl. dazu Ebach, Fremde in Moab, 281 f.: »Die ›Tochter Moabs‹ wiederholt (freilich nicht ohne Modifikation – denn im Gegensatz zu Lot wird Boas durchaus als Herr seiner Sinne ins Bild gesetzt) die Tat der ›Mutter Moabs‹.«

80 Vgl. Rudolph, 54: »Sowenig der Schritt, den Rut tun soll, unseren Begriffen von weiblicher Zurückhaltung entspricht, so müssen wir doch anerkennen, daß der Erzähler sich alle Mühe gegeben hat, etwaigen Mißdeutungen vorzubeugen.«

81 Vgl. Fuchs, 77: »If Lot's daughters are openly concerned about the survival of the species, and Tamar is concerned about her marriage to Selah, Ruth does not seem at all concerned about her wellbeing. Rather it is her mother-in-law who encourages her to look out for herself.«

keine Söhne mehr zu erwarten seien, die im Rahmen des Levirats zum Ehemann der Schwiegertöchter werden könnten.[82] Es ist auffällig, dass Naomi die nicht mögliche Leviratsehe im Zusammenhang mit der Versorgung ihrer verwitweten Schwiegertöchter erwähnt (1,12). Der eigentliche Sinn, das Andenken der Verstorbenen bzw. deren ›Versorgung‹ mit einem Nachkommen, findet bei ihr keine Erwähnung.[83] So wird hier durch Naomi der ursprünglich am Mann orientierte Sinn des Levirats zugunsten einer Frauenperspektive verändert. Wenn Rut in Kapitel 3 Boas indirekt auf das Levirat verweist, so geschieht dies ohne nähere Begründung, der Kontext lässt jedoch ebenfalls eher eine Frauenperspektive erkennen. Rut kommt damit in eine besondere Nähe zur Tamar-Geschichte in 1. Mose 38.[84] Boas in Kapitel 4,5 hingegen spricht den namenlosen Verwandten auf seine Pflicht an, Rut zur Frau zu nehmen, um den Namen ihres verstorbenen Mannes in Erinnerung zu halten und hält damit die männerorientierte Perspektive durch.

Eine zweite Rechtsinstitution, mit der Rut in Berührung kommt, ist die des Lösens, der *ge'ulla*, die in 3. Mose 25,25.48–49 ihre rechtssprachliche Ausgestal-

---

82 Rudolph, 63, sieht in der Eingrenzung des Levirats auf die Brüder in 5. Mose 25 »eine beträchtliche Abschwächung« und folgert daraus, »*daß Rut älter ist als die deuteronomische Gesetzgebung*«. Auf den Gedanken, dass in Rut oder auch 1. Mose 38 eine Ausweitung vorliegen könnte, kommt Rudolph hingegen nicht.

83 Rudolph, 42, sieht hier allerdings gar keine eigentliche Leviratsehe, sondern deren Fiktion, die nur als Argumentationshilfe dient.

84 »That story seems to indicate that in ancient times the duty of raising children to bear the name of a dead kinsman was not strictly limited to a brother-in-law, but that failing him another kinsman might serve«, so Rowley, 167. Gleiches lässt sich auch für Rut aussagen.

tung in der Anwendung auf Landbesitz bekommen hat: JHWH ist eigentlich der Eigentümer des Landes. Über den Besitz von Land kann deshalb nicht nach Belieben verfügt werden, sondern er verpflichtet auch zu sozialer Verantwortung. In der praktischen Umsetzung ist die Rechtsvorschrift in Jer 32,7 ff. zu finden, wonach Jeremia in der Funktion des Lösers seinem Vetter den Acker abkauft. Hinter der Institution des Lösens steht der Gedanke, dass in einer materiellen Notlage die Auslösung durch den nächststehenden Verwandten geschehen soll, um so durch eine innerfamiliäre Lösung möglichst zu verhindern, dass der Besitz in die Hände einer nicht zur Familie gehörenden Person gerät und somit der Verfügung des Familienverbandes entzogen wird. Ähnlich wie in 3. Mose 25; Jer 32 begegnet das Verbum *qanah* (erwerben) in Rut 4,4.58.9.10 als terminus technicus für »lösen«: »Mit dieser Sprachwahl wird das solidarische Handeln des Boas für beide Frauen als ›schriftkonform‹ qualifiziert.«[85] Boas Bereitschaft, beide Witwen zu versorgen – die eine im Rahmen des Levirats, die andere durch die Form der Lösung –, macht ihn zum Löser für beide Frauen, denn beiden wird mit seiner Entscheidung ihre Existenz gesichert. Diese Kombination ist vom alttestamentlichen Gesetz her nicht vorgegeben und somit in dieser Form im Alten Testament einzigartig.

Die Rede vom Land in 4,3 geschieht sehr unvermittelt angesichts dessen, dass die beiden Frauen bisher als mittellos geschildert wurden. Möglicherweise steht im Hintergrund, dass Elimelech sein Landstück vor der Auswanderung nach Moab verkauft hat. In Rut 4 könnte der nicht genannte jetzige Besitzer des Feldes als derjenige gesehen werden, der in Analogie zu

---

85   Fischer, Apropos »Idylle«, 110.

2. Kön 8,1–6 nach dem Weggang Elimelechs dessen zurückgelassenes Land in seine Verfügungsgewalt nahm.[86] Vielleicht ist auch daran zu denken, dass Naomi nach Elimelechs Tod Erbin des Landes ist. Eine Erbregelung für Witwen ist zwar nicht kodifiziert, klingt aber in einigen Texten an. Hier ist besonders an die Erzählung von Abigails Erbe in 1. Sam 25 zu denken sowie an das Buch Judit. In nachexilischer Zeit sprechen die Elephantine-Texte vom vollen Erb- und Besitzrecht für jüdische Frauen. Interessant ist, dass im Zusammenhang mit dem Löser das Thema ›Land‹ zur Sprache kommt, das möglicherweise analog zu 1. Mose 23 schon in 1,16 f. anklingt mit dem Hinweis auf die spätere Begräbnisstätte (vgl. B 1.1). Damit würde sich – ähnlich wie in den Erzeltern-Erzählungen – das Miteinander von Hoffnung auf Nachkommen und auf Land durch das Buch mehr oder weniger offen hindurchziehen.

Ein weiterer Aspekt alttestamentlichen Rechts kommt mit der Torgerichtsbarkeit zum Tragen: Das Tor am Ortseingang war in alttestamentlicher Zeit nicht nur Marktplatz bzw. Ort von Versammlungen, sondern diente als solcher auch der Ausübung der Gerichtsbarkeit. Rut 4 schildert auf dieser Grundlage eine Rechtsverhandlung, die sich um die Themen von Löser und Levirat rankt.

Die in Rut 4,7 erwähnte Schuhzeremonie erinnert an 5. Mose 25,9, ist jedoch nicht damit identisch. Nach 5. Mose 25 ist das Ausziehen des Schuhs ein Symbol für die wiedererlangte Freiheit der Frau, der sich der Verwandte im Blick auf das Levirat verweigert. Aber demnach zieht die verschmähte Frau dem sich verweigernden Mann einen Schuh aus und speit ihm als

---

86   Vgl. Rudolph, 66, unter Rückgriff auf Gunkel.

Akt der Beschämung ins Gesicht. Angesichts des anderen Umgehens mit dem symbolischen Schuhausziehen in Rut 4 im Gegenüber zu 5. Mose 25 ist einerseits denkbar, dass Rut 4,7 die Aussage von 5. Mose 25,9 nicht mehr richtig verstanden und deshalb uminterpretiert hat.[87] Nach 5. Mose wird die Anwesenheit der Witwe vorausgesetzt, in Rut 4 ist diese nicht gegeben. Andererseits fällt auf, dass zum Teil größere Übereinstimmungen zwischen Rut 3,12; 4,1–14 und 5. Mose 25,5–10 zu finden sind. So könnte im Buch Rut auch von einer Auslegung des Textes im 5. Buch Mose gesprochen werden. Darüber hinaus ist der Schuh unter anderem ein Symbol von Macht. Darum kann das Ausziehen eines Schuhs auch als ein Zeichen für Machtverzicht angesehen werden. So ist die Schuhzeremonie nicht Zeichen für den Kauf der Frau, sondern eher Zeichen des Verzichts auf Verpflichtungen und Rechte.

Möglicherweise steht hinter der Sicht des von Rut geborenen Kindes als Sohn Naomis eine weitere Rechtspraxis: die Möglichkeit der Adoption. So könnte man an die altorientalische Vorstellung der ›doppelten Vaterschaft‹ bei Königen denken, die neben ihrer biologischen Abstammung ihre Geburt auch der Zeugung durch eine Gottheit verdankt sehen. Diese Vorstellung hat auch in das Alte Testament Eingang gefunden (vgl. Ps 2). Mit Obed wird ein Kind geboren, das als Vorfahre des späteren Königs David in den Zusammenhang mit der Königstradition kommt. Eine Transformierung der Königsideologie ist durchaus denkbar. Das Rut-Buch bietet eine profanisierte Version, die noch dazu von der das ganze Buch umfassenden Frauenperspektive bestimmt ist. Sie trägt aber in die-

---

87   Vgl. u. a. Larkin, 21.

ser Form auch zu einer Legitimierung des Hauses David bei.

Das in Rut 2 zum Tragen kommende, in 3. Mose 19,9 f.; 5. Mose 24,19–22 verbriefte Recht auf Nachlese, das verarmten Menschen die Möglichkeit gibt, nach der Ernte das auf den Felder liegen gebliebene Getreide bzw. andere Feldfrüchte einzusammeln und zur eigenen Verwendung zu nutzen, wurde schon mehrfach angesprochen.

Abb. 13: Reste aufsammeln ist Recht der Armen

Ebenso der ›Moabiterparagraph‹ in 5. Mose 23,4–7, der neben dem Umgang Israels mit den Ammonitern auch den mit den Moabitern regelt. Eine gezielte Auseinandersetzung mit den dort zu findenden Aussagen findet allerdings nicht statt, wohl aber eine indirekte durch die erzählte Wirklichkeit, die sich in Begründung und Durchführung dem Moabiterparagraphen entgegensetzt und so beide miteinander ins Gespräch bringt. Danach ist es den Israeliten nicht erlaubt, in welcher Form auch immer, Moabiter in ihre Gemeinschaft aufzunehmen, die als Volk Gottes immer auch Gemeinde ist.

Rut ist auf unterschiedliche Weise in die hier angesprochenen Rechtsfragen involviert. Teilweise wird sie in die Ausübung des Rechts automatisch hineingenommen, wie bei der selbstverständlichen Gewährung der Ährennachlese. Ähnliches zeigt sich im Zusammenhang mit der Verhandlung im Tor, bei der der Gewohnheit bzw. dem Recht entsprechend die anstehenden Fragen ganz unter Männern geregelt werden. Rut ist dementsprechend nur passiv Beteiligte. Eine aktive Rolle übernimmt Rut hingegen im 3. Kapitel, indem sie die Vorstellung von Levirat und Lösen miteinander verbindet. Da hinter beiden ein ähnliches Prinzip und Interesse steht, liegt ihre Verbindung nahe, auch wenn keine beide umfassende Rechtsvorschrift bekannt ist.[88] Ein analoges auslegendes Umgehen mit den Rechtstexten der hebräischen Bibel ist aus der späteren jüdischen Tradition bekannt. In dieser

---

88 Vgl. Campbell, Ruth, 137: »It is perfectly plausible to speculate that the connection between the two was typical in Bethlehemite or even generally in Judean village, practice [...] It is Ruth who tells Boaz what to do, and she is justified in what she asks according to the basis principles underlying righteous Israelite living.«

midraschischen Tradition kann durchaus eine Parallele zum Rut-Buch gesehen werden, so dass an Rut auch der Aspekt einer Gesetzesauslegerin sichtbar wird.[89] Dies berührt sich mit der Beobachtung, dass das Rut-Buch auch an anderen Stellen auf biblische Texte zurückgreift, diese auf die eigene Situation anwendet und so Schriftauslegung vollzieht, wenngleich dort nicht als Umsetzung von Gesetzestexten. Dazu gehören die Weiterführung von 1. Mose 12,10 und 26,1 in 1,1 ebenso wie das Reflektieren von 1. Mose 24,27 in 2,20.

2.7 Die Gütige

Das Rut-Buch ist wesentlich vom Handeln der Namensgeberin bzw. dem ihrer Schwiegermutter bestimmt. Darüber hinaus begegnet Boas als Agierender. Wer hingegen im Rut-Buch nach Gott als dem Handelnden sucht, wird enttäuscht werden, wenn sie oder er auf der Textoberfläche verbleibt. Selbst da, wo von Gott geredet wird, ist er doch nicht der sichtbar Tätige. Das schließt aber nicht aus, dass Gott als aktiv agierend gedacht wird. Allerdings vollzieht sich sein Handeln nicht direkt erkennbar, sondern eingebettet in das Tun anderer und somit eher als Handeln im Hintergrund.

Rut selbst erfährt weder eine Berufung durch Gott noch wird sie als ein Mensch gezeichnet, der sich

---

89 Fischer, passim. Vgl. auch Zakovitch, 47: »Der Autor verfährt hierbei wie die halachischen Midraschim, in denen Unterschiede zwischen verschiedenen Geboten harmonisierend zu einem Ausgleich miteinander gebracht werden.« Im Gegenüber zu Fischer ist Zakovitch aber nicht auf Rut als Auslegerin, sondern auf den Autor des Buches konzentriert und lässt damit die Frauenperspektive außer Acht.

einem Auftrag Gottes entsprechend verhält. Was sonst für die Hauptpersonen biblischer Bücher nahezu selbstverständlich ist,[90] wird im Buch Rut nicht thematisiert. Gleiches gilt auch für Naomi und Boas. Zwar wird Ruts religiöse Bindung an den Gott Israels in ihren eigenen Worten in 1,16 f. erkennbar, ebenso spricht sie in 2,12 aus den Worten Boas', aber im Gegensatz zu Abraham oder den Propheten spricht Gott weder Rut noch Naomi oder Boas an noch wendet sie sich an ihn. Gott begegnet sprachlich allenfalls in der 3. Person Singular als einer, über den geredet wird. Und doch schimmert das Handeln Gottes durch die ganze Erzählung in der Tiefenstruktur hindurch, wenn es auch auf der Oberfläche kaum erkennbar ist. Im erzählten Geschehen sind seine Gnade und seine bewahrende Fürsorge zu entdecken.[91] Am stärksten ist dies wohl dort ersichtlich, wo von der *chäsäd* (Gnade) gesprochen wird. Sie ist einerseits im zwischenmenschlichen Verhalten erkennbar, lässt andererseits gerade auch von diesem her zur Erfahrung der *chäsäd* JHWHs weiterdenken. In den Augen Naomis wird nach Rut 1 die Treue Orpas und Ruts ihrer Schwiegermutter gegenüber zu einem Zeichen dieser *chäsäd*, die sich zunächst menschlich darstellt, dann aber doch auch zum Ausdruck der *chäsäd* Gottes wird. Gottes Güte wird folglich als etwas sichtbar, das die Menschen im alltäglichen Miteinander leben und wirksam werden lassen, etwas, das sie durch andere erfahren und an anderen üben. Das Ineinander von mensch-

---

90 Man denke nur an Abraham (1. Mose 12), Moses (2. Mose 3.6) oder Propheten wie Jesaja (Jes 6) oder Jeremia (Jer 1).

91 Auch wenn Campbell, Ruth, 29, u. a. zu Recht auf 1,6; 4,13 verweist, ist seine Einschätzung doch zu weit gegriffen: »It is equally correct to say as well that God is the primary actor in the drama.«

lichem und göttlichem Tun/Handeln zeigt sich auch am Gebrauch von *kanaf* (Flügel, Gewandsaum). Es wird in 2,12 im Zusammenhang mit Gottes Tun gebraucht, in 3,9 hingegen in ganz analoger Verwendung im Zusammenhang mit dem Tun des Boas. Boas wird so in der Segensweitergabe an Rut zum Partner Gottes.[92] Das göttliche Handeln lässt sich des Weiteren, wenn auch eher indirekt erschließbar – ähnlich wie in der Esther- oder auch Joseph-Erzählung –, in Gott als dem Geber von Brot (1,6) oder als demjenigen, dem eine Schwangerschaft zu verdanken ist (4,13), erkennen. Die verschiedenen Segenswünsche (1,8.9; 2,10; 2,12; 3,10; 4,11.12) setzen Gott ebenso als Gebenden und damit Handelnden voraus.

Gott wendet sich aber auch gegen Naomi (1,13: des Herrn Hand ist gegen mich gewesen) und nimmt etwas von ihr (1,21a: leer hat mich der Herr wieder heimgebracht; in diesem Fall sogar sehr direkt formuliert). Dass Naomi Gott für den negativen Verlauf ihres Geschickes verantwortlich macht, findet keine Reaktion auf Seiten Ruts oder anderer. Im Stillschweigen kann eine indirekte Zurückweisung gesehen werden, entspricht doch Naomis Äußerung in keiner Weise dem Duktus des Buches. Der Klage darüber, dass Gott nimmt, steht positiv das Lob Gottes gegenüber, weil er etwas nicht genommen hat – 2,20: Gott hat seine Barmherzigkeit nicht abgewendet; 4,14: Gott hat Naomi einen Löser nicht versagt. Es »läßt sich deutlich eine Symmetrie zwischen den Heilserwartungen und den Taten der Menschen erkennen. Der Mensch ist verpflichtet zu handeln, und daher hilft Gott jenen, die sich selbst und ihren Nächsten helfen.«[93] Gott handelt

---

92 So mit Fuerst 23.
93 Zakovitch, 23.

nicht an Stelle des Menschen, sondern erwartet von diesem, dass er für Gott handelnd eintritt, dass der Mensch tut, was er von Gott erwartet und das im täglichen Leben gegenüber den auf Hilfe Angewiesenen vollzieht. Rut wie auch Boas sind dafür Beispiele.[94] Dementsprechend werden die handelnden Personen durchweg positiv gezeichnet. Über keinen der auftretenden Akteure wird ein negatives Wort verloren. Dies gilt auch für Orpa bzw. den namenlosen Löser, deren Entscheidungen jeweils im Rahmen der geltenden (Rechts-)Ordnungen legitim sind und als solche vermerkt und festgehalten werden. Für Orpa und ihr Verhalten wird sogar der Begriff *chäsäd* angewendet![95]

Die erzählten Geschehensabläufe erscheinen zwar im Wesentlichen als von Menschen bewirktes Geschehen, doch für die Akteure wie für die Lesenden ist deutlich, dass dahinter das Lenken und die Fürsorge Gottes stehen. Menschliches Handeln und göttliches Wirken werden nicht voneinander losgelöst.

2.8 Die Ahnin Davids

Der Stammbaum am Ende des Rut-Buches führt schon weit über die Rut-Geschichte hinaus, hinein in die Geschichte Davids. Bereits im 2. Vers des Buches wird in-

---

94   Als Parallele zu Rut kann mit Fischer, Rut, 42, auf Rebekka in 1. Mose 24 verwiesen werden.

95   Trible, 195, spitzt die Einschätzung der Beziehung zwischen dem Verhalten Gottes und dem von Menschen in der Rut-Erzählung sogar noch zu: »In Noomis Augen werden diese fremden Frauen, sowohl der Struktur als auch dem Sinn nach, Vorbilder für Jahwe. Sie zeigen Gott einen besseren Weg. Wieder einmal begegnen sich Gegensatzebenen und überkreuzen sich: die frühere Treue von Menschen (und noch dazu von Frauen eines anderen Volkes) ist ein Paradigma für die zukünftige Freundlichkeit Gottes.«

direkt vorweggenommen, was am Ende deutlich ausgesprochen wird. Elimelech und seine Söhne werden als Efratiter aus Bethlehem in Juda vorgestellt. Ähnlich wird im Alten Testament nur noch über Isai, den Vater Davids geredet (1. Sam 16,1: Bethlehemiter Isai). Auf zweifache Weise wird die Vorgeschichte Davids zur Sprache gebracht. Die gesamte Rut-Erzählung scheint auf die Geburt des Sohnes Obed hinauszulaufen, der zum Großvater Davids wird: Der formal als Erzählung gestaltete Teil endet mit der Notiz über den geborenen Sohn Obed: »Der ist der Vater Isais, welcher Davids Vater ist.« Hier ist Obed völlig in den von Frauen dominierten Text eingebunden. Zum anderen läuft der kurze genealogische Abschluss des Buches ganz über die männliche Zeugungslinie. Damit geraten die schon zu Beginn des Buches spürbare traditionelle Orientierung am Mann und die das Buch letztlich bestimmende Frauenperspektive erneut in Konkurrenz.[96] Doch bei aller Dominanz des Männlichen in der Genealogie macht das Buch insgesamt darauf aufmerksam, dass die davidische Dynastie in ihren Wurzeln auf das außergewöhnliche Engagement zweier Frauen zurückgeht.[97]

Die Einbindung Ruts in die Davidtradition lässt sich noch an einem anderen Zug in der Tradition festmachen: Nach 1. Mose 35,16–20; 48,7 gilt Bethlehem

---

96 Vgl. Butting, Buchstaben, 22: »Die Auseinandersetzung zwischen Frauen und Männern sowohl über Gesellschaftsorganisation als auch über Geschichtsschreibung gehört demnach zur Programmatik des Buches und verweist darauf, dass Frauen an seiner Entstehung und Tradierung teilhatten.«

97 Vgl. auch Fischer, Gottesstreiterinnen, 176: »Wie das ganze Volk Israel sein Überleben in Ägypten couragierten Frauen verdankt (vgl. Ex. 1–2), so gründet die judäische Königsdynastie in der Initiative zweier an den Rand der Gesellschaft geratener Frauen, im beherzten Handeln der beiden Witwen Rut und Naomi.«

Efrata als Grabstätte der Rahel, der Rut in Bethlehem im Wunsch des Volkes nach Rut 4,11 an die Seite gestellt wird. Bethlehem wird somit auch über Rut zum Ort der Hoffnung. Angesichts der Ausweitung der Hoffnung auf einen neuen David bis in die nachexilische Zeit hinein gerät Bethlehem in die messianische Dimension (vgl. Mi 5,2; auch dort ist von Bethlehem Efrata die Rede!), über die auch Rut eine messianische Perspektive erhält, die ihre Zuspitzung im Neuen Testament mit der Einbindung Ruts in den Stammbaum Jesu findet, während nach Lk 3,32 Boas in den Stammbaum Jesu eingeschrieben ist. Rut steht mit ihrem Platz im Stammbaum erneut in enger Nähe zu Tamar, die ebenfalls Eingang gefunden hat (Mt 1,1–16). Dies kann kaum ein Zufall sein.[98] Die messianische Perspektive ist von Anfang an im Buch Rut vorhanden, denn David wird hier nur mit seinem Namen erwähnt, nicht aber in seiner Eigenschaft als König. Unterstützt wird dies auch noch dadurch, dass mit dem sprechenden Namen Elimelech gleich zu Beginn deutlich gemacht wird, wer der eigentliche König ist, nämlich Gott.

---

98 Gegen Fuerst, 27, der von »incidentally« spricht. Vgl. auch Kluger, 93: »The story of Ruth and Boaz, like the story of Tamar and Judah, and also that of Lot and his daughter, all lead to and end with, the birth of a son, and in all three cases, sons who were ancestors of David, and hence, of the Messiah. [...] In all three there was a danger that the male line would die out, and the women all used questionable means to insure its continuance. So we can view the three stories as a series, leading toward a definite goal, the birth of a Messiah.«

3. WER ERZÄHLT WANN IN WELCHER ABSICHT?

3.1 Erzähler oder Erzählerin

Die Frage nach der Autorschaft des Rut-Buches ist nahezu ebenso umstritten wie das Problem der Gattung bzw. das seiner Datierung. Wenn Würthwein die Herkunft des Buches in Kreisen der Weisheit sucht, verweist er auf die positive Einstellung zu der Moabiterin, die an die Internationalität der Weisheit erinnert. Im Vorbildcharakter der Rut sieht er darüber hinaus eine Analogie zu den erzieherischen Absichten der Weisheitslehrer.[99] Nach anderer Meinung sei der königliche Hof der einzig mögliche Rahmen für das Abfassen des Buches Rut, da nur dessen finanzieller Hintergrund und sein Kontext eine entsprechende künstlerische Arbeit hervorbringen könne.[100] Die Kenntnis der davidischen Tradition bzw. Familiensituation sowie der israelitischen Rechtspraxis könnte ebenso auf höfische Kreise hinweisen, Campbell allerdings denkt an Kreise auf dem Lande, speziell an Landleviten und weise Frauen.[101] Eindeutig ausgeschlossen werden können priesterliche Kreise, da keinerlei priesterliche Traditionen begegnen. Für sie ist der Gedanke der Eingliederung einer Moabiterin kaum denkbar. Das Buch ist angesichts seiner durchdachten sprachlichen Ausgestaltung wohl auch nicht als volkstümliche Schrift anzusehen, sondern zeigt deutliche Nähe zu schriftgelehrten Kreisen wie die von Esra und Nehemia, wenngleich es deren Position nicht teilt.[102]

---

99 Würthwein, 5 f.
100 Nielsen, 29.
101 Campbell, Ruth, 20.
102 Vgl. Fischer, Apropos »Idylle«, 111: »Wenn man diese Spur

Zwar weisen die sozialen Bezüge im Buch Rut eher männerorientierte Züge auf, doch legen es die weiblichen Hauptakteure sowie die mehrfach begegnende weibliche Optik nahe, an eine Frau als Autorin zu denken. Von Scharbert wird ein solcher Gedanke »entschieden verneint«, da über weibliche Autorinnen aus der Zeit des alttestamentlichen Israels nichts bekannt sei.[103] Eine solche Schlussfolgerung ist aber wohl doch zu kurzschlüssig, weil sie automatisch davon ausgeht, dass Schriften, deren Autorschaft uns unbekannt ist, von Männern verfasst worden sind. An eine weibliche Verfasserschaft lässt auch das Deboralied in Ri 5 denken und Hinweise in 1. Kön 21,8; Est 9,29 zeugen davon, dass Isebel bzw. Esther schreiben.[104] Über Frauen, die lesen, schreiben, Sängerinnengilden bilden, sprechen ebenfalls 1. Sam 2,1 ff.; 2. Kön 22,14 ff.; Neh 7,67; Esr 2,65. Aus dem Alten Orient liegen Briefe und Gebete der Tochter des akkadischen Königs Sargon vor.[105] Wandgemälde aus Ägypten zeigen Frauen als Schreiberinnen. So ist der Gedanke an weibliche Autoren gar nicht so ungewöhnlich, wie es zunächst scheinen mag. Die Frauenperspektive wird auch mit der Anbindung an das Richterbuch fortgesetzt, in dem sich viele Bezüge zwischen Richtern und Frauen finden, so unter

---

ernst nimmt, so vertritt die Person, die das Rutbuch schreibt, eine Gegenposition zu den rigorosen Verboten jener Kreise und muß daher im Umfeld jener Schriftkundigen arbeiten, die gegen Mischehen, ja sogar für die Auflösung bereits geschlossener Mischehen plädieren.« Fischer macht für ihre Einschätzung gerade die »narrative und deshalb unpolemische Argumentation gegen den Moabiterparagraphen« zum Ausgangspunkt.

103   Scharbert, 8.
104   Dazu genauer Bledstein.
105   Die Prinzessin Enheduanna (um 2300 v. Chr.) wird sowohl als Priesterin als auch als Poetin vorgestellt.

anderem Kalebs Anbieten seiner Tochter (Ri 1,11–15), der Tod Siseras und Abimelechs (Ri 4 f. bzw. 9,50–54), Jephtas Opfer seiner Tochter (Ri 11), das Überlisten Simsons (Ri 16).[106]

Ein zentrales Thema des Rut-Buches ist die Freundschaft zwischen (den) Frauen.[107] Vor allem die zunächst von Rut wie Orpa gefällte Entscheidung, sich an die Schwiegermutter zu binden, zeugt von einer tiefen Solidarität unter den Frauen wie davon, dass die Selbstdefinition über Frauen vollzogen wird, nicht aber über einen (Ehe-)Mann. Ruts definitive Entscheidung unterstreicht dies mit Nachdruck. Eine Darstellung des Themas, wie sie in der Rut-Erzählung vorliegt, ist aus der Feder eines Mannes (damals) kaum vorstellbar, ebenso wenig die Betonung von Rahel und Lea als Erbauerinnen Israels, die an die Stelle von Jakob als dem sonst in alttestamentlichen Texten begegnenden Repräsentanten Israels treten. Innerbiblisch finden wir zumindest keine analogen Gedanken. Die Darstellung aus weiblicher Perspektive zeigt sich in Kapitel 2 besonders in der Feldszene: Die Gefahr einer möglichen sexuellen Belästigung kommt in den Blick und wird von Boas mit entsprechenden Maßnahmen von vornherein abgewehrt. Auch die Rede von der Rückkehr in das Haus der Mutter in 1,8 deutet eher auf eine Frau als Autorin hin als auf eine übliche Praxis.[108]

---

106 Vgl. dazu die Bemerkung von Bledstein, 117: »I suspect that one voice in Judges, possibly a woman's, intends to satirize men who in their behaviour emulate the gods and demi-gods their muddled beliefs embrace.«

107 Es dürfte kein Zufall sein, dass die Bezeichnung »Schwiegermutter« zwar in Rut 1,14 im Zusammenhang mit Orpas Weggehen gebraucht wird, auch in Ruts Zitat von Boas Worten (3,17), aber nirgends zur Anrede Naomis.

108 Zakovitch, 89: Die Rede vom Mutterhaus »entspricht der Praxis, dass ein Mädchen in das Haus ihrer Mutter zurück-

Trotz der vielen Aspekte, die daraufhin deuten, dass das Buch Rut auf eine Autorin zurückgeht, ist dieser Gedanke immer noch für viele ungewöhnlich – wie sehr, zeigt auch die abschließende Bemerkung von Fischer bei ihrer Behandlung des Themas, die dem üblichen Denken an einen männlichen Verfasser dann doch noch Zugeständnisse macht: »Wenn es keine Frau war, die das Rutbuch verfasst hat, dann war es ein Mann, der sensibel genug war, um sich mit Frauen und deren spezifischen Lebenssituationen auseinander zu setzen, ihre Probleme wahrzunehmen und gegen die Benachteiligung von Frauen in einer patriarchal strukturierten Gesellschaft anzuschreiben.«[109]

3.2 Datierungsfragen

Zu den umstrittensten Fragen in der Erforschung des Rut-Buches gehört die Frage nach seiner Entstehungszeit. Die Datierung des Geschehens in die Richterzeit, wie sie von Rut 1,1 vorgegeben wird, ist für diese Frage nur von untergeordneter Bedeutung. Eine Linie der jüdischen Tradition allerdings sieht in Samuel den Verfasser der Schrift und ordnet sie daher in die Zeit des beginnenden Königtums ein (Talmud Baba Bathra 14b–15a; vgl. auch 91a, wonach Boas mit dem Richter Ibzan gleichzusetzen sei; die Heirat wäre danach 2792 = 968 v. Chr. erfolgt). Damit werden erzählte Zeit und erzählende Zeit in eine unmittelbare Nähe zueinander gerückt. In scharfem Kontrast dazu steht die Einord-

---

kehrt, um persönliche Angelegenheiten mit ihr zu besprechen. Naomi, die weiß, was es mit Mutterschaft auf sich hat, erinnert also nicht zufällig an das ›Haus der Mutter‹. Erst als sie sich weigern, in das Haus ihrer Mütter zurückzukehren, bezeichnet sie sie schließlich auch als ›meine Töchter‹.«
109 Fischer, Rut, 94.

nung der Entstehung des Buches in die Zeit von Esra und Nehemia oder gar danach.

Als Hinweise auf eine nachexilische Entstehung können sprachliche Indizien dienen sowie die an deuteronomistische Vorstellungen anklingenden Bemerkungen über die Richterzeit in 1,1. Die Zeichnung Bethlehems als Hauptschauplatz und noch dazu damit verbunden die Erwähnung des Kindes als Retter (vgl. Mi 5,1), fehlende Hinweise auf das Königtum oder sonstige staatliche Institutionen weisen ebenfalls in die Zeit Esras/Nehemias. Auch die Einordnung des Buches innerhalb des hebräischen Kanons unter die Ketubim (die Schriften)[110] sowie seine geistige Nähe zum Jona-Buch sprechen für eine Entstehung in später Zeit. Gleiches gilt für die zentrale Stellung von Frauen als Hauptakteure, die wir so nur noch in den eindeutig späten Büchern Esther und Judith finden.[111]

Ein wesentliches Kriterium für die Datierung des Rut-Buches in die Zeit von Esra und Nehemia ist der selbstverständliche Umgang mit der Fremden, die ohne weitere Diskussion in die Gesellschaft eingegliedert und sogar zur Ahnin Davids wird, des israelitischen Königs schlechthin. Da der im Buch Rut zu findende Ansatz völlig konträr zu dem in der geforderten Auflösung der Mischehen gipfelnden Modell von Esra

---

110 Vgl. Larkin, 24 f.: »It is generally accepted that the three divisions of the Hebrew Bible are in broadly chronological order, and the Talmudic tradition is clear that in the Writings Rut comes (again in presumed chronological order) at the beginning, before the Psalms. This is surely a serious consideration which prevents the easy allocation of Rut to a pre-exilic date.«

111 Vgl. auch Lacoque, Subversives, 115: »Écrite du temps d'Esdras et de Néhémie, l'histoire est un pamphlet politique subversif. En effet, on n'aurait pu, dans le désir de ›choquer‹ le lecteur israélite, choisir un ›héros‹ plus controversé, plus abhorré même, qu'une femme de Moab.«

bzw. Nehemia steht und somit als Gegenmodell gesehen werden kann, ist eine zeitliche Ansetzung in der Zeit Esra/Nehemias oder bald danach nahe liegend.

»Mit der nachexilischen Zeit und hier wiederum mit der Zeit Esras und Nehemias verbindet die Thematik des Buches Rut die Bedeutung solidarischer Praxis angesichts eines sozialen Gefälles einerseits (dafür steht im Rutbuch Boas) und die Frage nach dem Verhalten gegenüber fremden Frauen andererseits, wobei sich gerade diese Frage mit der nach der ›Identität‹ Israels verbindet. In der ersten Frage *korrespondieren* Rut und Esra/Nehemia, in der zweiten *optieren* sie *konträr*.«[112]

Die im Buch fehlende Polemik spricht nach Campbell eher gegen die Datierung in die Zeit Esra/Nehemias, so dass kaum von einer Schrift gegen die Position von Esra bzw. Nehemia ausgegangen werden könne, die den weiten Universalismus dem engen Nationalismus gegenüberstellen würde. Diese Wertung der fehlenden Polemik blendet jedoch die Gattung des Rut-Buches völlig aus. Eine paradigmatische Narration bedarf keiner Polemik, um die eigene Position einladend zu formulieren. Campbell verweist darüber hinaus angesichts des nichtnationalen Denkens in Rut lieber auf 5. Mose 7,3 bzw. 1. Kön 11,1–2, die eher die Notwendigkeit einer Gegenposition erwarten und deshalb an die deuteronomistische Zeit (6. Jh. v. Chr.) denken lassen könnte.[113] Die Schwierigkeit einer genauen Datierung zeigt sich schon bei Campbell selbst, der zwar entschieden formuliert, in welche Zeit hinein seiner Ansicht nach das Buch nicht gehört, beim Vollzug einer positiven Datierung jedoch

---

112 Ebach, Fremde in Moab, 284.
113 Vgl. Campbell, Ruth, 26 f.

wesentlich vorsichtiger bleibt und so angesichts der theologischen Aussagen des Buches auch die frühe Königszeit in Betracht ziehen kann.[114] Für eine Einordnung in die vorexilische Königszeit bzw. in die Zeit der vereinten Reiche werden ebenso sprachliche Kriterien geltend gemacht, so auch von Scharbert, der unter Einbeziehung eines aramäischen Spracheinflusses von der Zeit zwischen Hiskia und Josia (also 700–620 v. Chr.) spricht,[115] während Weinfeld unter Hinweis auf den im Buch begegnenden Stil des klassischen Hebräisch und das Fehlen typischer nachexilischer Sprachelemente an die Zeit des Gesamtreiches denkt.[116] Die Sprache des Rut-Buches kann dazu verleiten, an unterschiedliche Zeitepochen zu denken, doch dies legt gerade nahe, einen späten Entstehungszeitraum zu vertreten, in dem bewusst archaisierende Sprachelemente aufgenommen werden, die der in Rut 1,1 postulierten Richterzeit entgegenkommen.

Nach Rudolph sind die im Rut-Buch begegnenden Aussagen über die Leviratspraxis aus der vordeuteronomischen Zeit, d. h. aus der Zeit vor dem im Deuteronomium (5. Buch Mose) festgehaltenen Leviratsgesetz. Auf vordeuteronomische Zeit verweise auch die kritiklos erzählte Eheschließung mit moabitischen Frauen, die im Widerspruch steht zum Votum in 5. Mose 23,4, das eine Aufnahme von Moabitern in die Gemeinde verwehrt (vgl. auch 1. Kön 11,1 f.).[117] Nach

---

114 Campbell, Ruth, 24.

115 Scharbert, 6 f.

116 Weinfeld, Rut. Wenn dem zuzustimmen wäre, könnte man mit Campbell, Ruth, 10, dann auch einige Rückschlüsse ziehen auf das Leben im frühen Israel.

117 So nach Rudolph, 27. Gegeneinwände, die auf Anklänge an späteres Material aufbauen, werden zurückgewiesen mit dem Hinweis, dass in ihnen ältere Tradition verarbeitet wurde.

Gerleman ist eine Datierung von 4,17 ff. in exilisch-nachexilische Zeit kaum denkbar, da diese dem David angesichts seiner sich immer mehr steigernden Idealisierung kaum eine moabitische Ahnin zuschreiben würde. Aber auch früher ist die Zuschreibung einer moabitischen Ahnin nur vorstellbar, wenn im Hintergrund eine schon lange bekannte Tradition von der moabitischen Herkunft Davids steht. Da dieser Gedanke im Lauf der Zeit unerträglich wurde, entstand zu seiner Bewältigung das Rut-Buch: »Es ist hier der Versuch gemacht worden, die harmvolle und zählebige Moabitertradition, die der davidischen Herkunft anhaftete, zu beschönigen und unschädlich zu machen. [...] Der moabitische Einschlag in Davids Herkunft sei nicht so zu verstehen, als gehöre er zu einer aus Moab eingewanderten Familie. [...] Nur seine Urgroßmutter sei eine Moabiterin gewesen. Rut zu judaisieren, sie religiös und politisch in Juda einzuverleiben, darum handelt es sich in dieser Erzählung.«[118]

Die Übersicht über die diversen Positionen in der Forschung, von denen hier nur ein Teil wiedergegeben worden ist,[119] zeigt die Schwierigkeiten in der Bewertung der am Rut-Buch gemachten Beobachtungen. Sprachliche Kriterien werden in der Rut-Forschung sowohl für eine vorexilische wie für eine nachexilische Datierung herangezogen. Problematisch ist dabei die Zuordnung einzelner sprachlicher Phänomene, da sie keineswegs immer übereinstimmend ausgewertet werden. Angesichts der sehr differenziert gewordenen Textdatierung in der alttestamentlichen Forschung überhaupt ist es insgesamt schwerer geworden, ge-

---

118 Gerleman, 8.
119 Vgl. den ausführlichen Überblick über die Datierungsversuche bei Hubbard, 24 ff.

nauere zeitliche sprachliche Zuordnungen zu vollziehen. Letzte Sicherheit kann somit auch die Heranziehung sprachlicher Kriterien nicht bieten. Auch der selbständige Umgang mit dem Recht in seiner nicht genauen Aufnahme der Rechtsvorschriften kann sowohl für eine späte wie eine frühe Datierung sprechen, da er möglicherweise auf eine Zeit zurückzuführen ist, in der die Rechtsvorschriften noch nicht in der jetzt vorliegenden Form fixiert waren. Alle Indizien zusammen, besonders die Berücksichtigung der dem Esra-Nehemia-Modell widersprechenden Position, machen aber doch eine Datierung in spätere Zeit wahrscheinlich.

Gleich für welche Datierung man sich letztlich entscheidet, die Vielfalt der keineswegs unbegründeten Vorschläge zeigt bereits etwas von der zeitübergreifenden Bedeutung des Rut-Buches. Die in ihm enthaltenen Aussagen sind keineswegs auf *eine* konkrete Zeit bzw. *einen* konkreten Ort allein beschränkt, sondern haben ihre Botschaft in sehr unterschiedlichen Situationen. Zwar begegnen alle Namen mit Ausnahme von Machlon in kanaanäischen Texten von Ugarit, die ins 14. Jh. v. Chr. zu datieren sind, doch sagt dies nichts darüber aus, dass wir es mit realen historischen Personen dieser Zeit zu tun haben. Auch das Phänomen, dass außer Boas, der noch in 1. Chr 2,1 ff. im Stammbaum Judas vorkommt bzw. in 1. Kön 7,21; 2. Chr 3,17 als eine der Säulen im Tempel Erwähnung findet, keiner der Namen noch irgendwo im Alten Testament wieder begegnet, deutet eher darauf hin, dass das Buch nicht in erster Linie historische Gestalten schildern will (vgl. B 2.3). Die erzählte Zeit ist zwar die Richterzeit, aber sie bleibt doch ohne entscheidende Bedeutung für den Verlauf der Erzählung, die letztendlich als Familiengeschichte losgelöst von

Zeit und Raum begegnet. Die Anknüpfung an die Richterzeit erscheint in der Septuaginta wie eine redaktionell begründete Anknüpfung an das vorausgehende (Ende des) Richterbuch(es), vor allem angesichts der doppelt begegnenden Erwähnung von ›Bethlehem in Juda‹ in Rut 1,1 f., das die Rede von Bethlehem in den abschließenden Kapiteln des Richterbuches wieder aufnimmt. Das spricht erneut für eine späte Ansetzung des Rut-Buches.

3.3 Intentionen

Angesichts der Tatsache, dass Gattung, Verfasserschaft wie Datierung so stark umstritten sind, verwundert es nicht, dass auch in der Frage nach der Intention des Rut-Buches keine einheitliche Antwort zu finden ist. Die vorliegende Kontroverse ist aber nicht zuletzt dem Phänomen der ›Literatur als offenem Kunstwerk‹ zu verdanken. So formuliert Ebach nicht zufällig: »Die Rutgeschichte kann gelesen werden als Frauengeschichte vor allem oder als Fremdengeschichte vor allem, als ›Hoffnungsgeschichte für das vom Tode bedrohte Israel‹ oder als David- und Messiasgeschichte oder als politische Kontroversliteratur. Dabei handelt es sich nicht um einander ausschließende Alternativen, sondern um komplementäre Vexierbilder, bei denen man je nach Blickwinkel, Abstand und Augenöffnung Unterschiedliches zu sehen vermag.«[120] Das Buch ist kaum in der primären Absicht entstanden, ein am Geschehen der Vergangenheit orientiertes künstlerisches Werk zu schaffen, sondern wurzelt im Interesse der Deutung von Gegenwart unter Rückgriff

---

120 Ebach, Fremde in Moab, 290, unter Aufnahme eines Zitats von
     Zenger, 121.

auf Material der Vergangenheit. So steht es in einer Linie mit den anderen Entwürfen theologischer Geschichtsschreibung im Alten Testament.

Einige Linien in der Beschreibung der Intention des Rut-Buches sollen nun genauer betrachtet werden, da sie auch Aufschluss über die Annäherung an Rut geben. Eine der Aufgaben des Rut-Buches wird in der Legitimierung des Anspruches Davids gesehen. Dass die Geschichte der Rut als Vorfahrin Davids in Analogie zur Geschichte von der Erwählung der Patriarchen gezeichnet wird, dient zur Unterstützung des Erwählungsanspruches des Hauses Davids.[121] Damit findet die Rut-Erzählung eine Nähe zu 1. Sam 16; 2. Sam 5, die der Legitimierung des Rechtsanspruches Davids auf seinen Thron Nachdruck verleihen. Im Hintergrund steht eine Infragestellung des Hauses David, die auch *eine* ihrer Wurzeln in der nichtisraelitischen Ahnin hat.[122] Die so durch und durch positive Gestaltung der Rut in der Erzählung gibt für eine kritische Anfrage jedoch keine Basis. Vergessen werden sollte darüber hinaus nicht, dass Davids Beziehungen zu Moab zumindest nach 1. Sam 22,3 ff. (David bringt seine Familie in Moab vor Saul in Sicherheit) keineswegs negativ gezeichnet sind. In unmittelbarer Beziehung zu der Orientierung an David steht auch die Verbindung zum messianischen Denken. Rut wird damit zu derjenigen, die hineingeschrieben ist in die Geschichte der (nachexilischen) messianischen Erwartung.

---

121 Vgl. Nielsen, 28.

122 Wie es Kristeva, 84, unter Rückgriff auf Rut Rabba 8,1 so deutlich zeigt: »Im übrigen hat diese Eingliederung einer Fremden an der Wurzel des jüdischen Königtums auch später Unruhe geschaffen: ›Wie lange werden sie im Zorn über mich sagen: ist er nicht unwürdiger Abstammung? Ist er nicht Nachkomme Ruts, der Moabiterin?‹ wendet sich David flehentlich an Gott.«

Die Parallelen zu den Erzeltern-Erzählungen der Genesis und die Einbindung in die David-Geschichte lassen Rut zu einem Verbindungsglied zwischen dem Weg hin zum Sinaibund und dem Weg hin zum David-bund werden. Das David-Geschehen wird darüber hinaus über Rut indirekt in die Festabläufe Israels hineingeholt (durch die Lesung des Buches Rut am Wochenfest), in denen David als solcher keinen Platz zugeteilt bekommen hat.

Eine der meist diskutierten Überlegungen ist die Frage der Stellungnahme des Rut-Buches gegen die Position von Esra und Nehemia. Von Ebach wird diese Einschätzung eindeutig vertreten: »Die Ruterzählung ist *so* partikular, erzählt *so* konsequent eine einzelne Geschichte (und in ihr andere einzelne Geschichten mit), daß sie – und das ist die Pointe der *literarischen* Oppositionen gegen das Esra/Nehemia-Konzept – in ihrem Beharren auf dem Besonderen universal wird. Wenn es mit *dieser* Moabiterin nicht so war, wie es mit *den* Moabiter(innen) vorgeblich sei, dann ist es auch mit *den* Moabiter(innen) nicht so. Die Normen werden nicht universal überboten, sondern partikular unter-laufen – und darin ihres Scheins entkleidet. Eben darin zielt die einzelne Geschichte auf eine universale (nicht universelle!) Ethik.«[123] Die Erzählung der Rut-Ge-schichte erscheint als Gegentext zu den Einsichten Esra/Nehemias, deren Auslegung der vorgegebenen Tradition durch eine von dieser divergierenden durch-kreuzt wird. Dies gilt auch dann, wenn in der Erzäh-lung selbst das zur Diskussion stehende Thema nicht expressis verbis formuliert wird. Es ist das Erzählte, das als Gegenmodell zu den Forderungen von Esra und Nehemia auftritt. Es wäre jedoch verfehlt, die bei-

---

123 Ebach, Fremde in Moab, 294.

den einander kontrastierenden Aussagen als einander ausschließende anzunehmen und sie in dieser Ausschließlichkeit mit der Wahrheitsfrage zu koppeln. Vielmehr kann ganz klar mit Ebach gefragt werden: »Muß Esra/Nehemia unrecht bekommen, wenn Rut recht bekommt? Warum kann nicht im Neben- und zuweilen scharfen Gegeneinander von Geschichten und Gegengeschichten, Texten und Gegentexten die Wahrheit stecken?«[124]

Das Rut-Buch begegnet auch als Einladung zur Veränderung vorgefundener Situationen, die auch im Rahmen der vorgegebenen Kultur möglich ist, wenn Menschen bereit sind zu unkonventionellen, mutigen Schritten. Das Beispiel der Rut und der sie umgebenden Frauen wird zu einer Ermutigung für Menschen, ihr Schicksal nicht anderen zu überlassen, sondern es im Rahmen ihrer – auch provozierenden – Möglichkeiten selbst in die Hand zu nehmen, sich nicht ungefragt allgemein(gültig)en Normen zu unterwerfen. An der Person der Rut werden die Möglichkeiten und Grenzen deutlich, die diejenigen bestimmen, die in einer patriarchalisch strukturierten Gesellschaft leben. Wo die Grenzen nicht als unumstößlich feststehend angesehen werden, kann das Einbringen der Frauenperspektive auch im Rahmen vorgegebener Traditionen zur Sprengkraft werden und (anderes) Leben ermöglichen – gerade auch da, wo es nicht denkbar erscheint.

Wie die Erzählung von Jona und Nathans Strafrede in 2. Sam 12 hat die Rut-Geschichte Kraft und Möglichkeit zur Konfrontation mit uns selbst. Das Buch zeigt uns auf, wie wir wirklich sind, nicht wie wir uns denken.[125] Robertson Farmer lässt uns im Spiegel der Rut

---

124 Ebach, Fremde in Moab, 285, Anm. 33.
125 Robertson Farmer, 891.

wie der Naomi uns selbst wiederentdecken. Sie macht deutlich, dass wir uns in unserem Sein viel eher in Naomi verkörpert finden mit ihrem Sichabfinden in das Vorgegebene, dass Rut aber zur Herausforderung wird, es ihr gleichzutun. Rut wird zu unserem Zukunftsbild, das wir zur Gegenwart werden lassen sollen.[126] Das Widerspiegeln gilt jedoch nicht nur für das lesende Individuum, sondern für das Gottesvolk insgesamt, gleich ob Judentum oder Kirche, das sich in Naomi selbst entdecken kann und sich damit im Gegenüber zu Rut sieht und somit zu Menschen, die ausgegrenzt und verachtet werden. Ein individuelles Schicksal wird so zum Paradigma für eine kollektive Erfahrung. Auch die Erzählung vom barmherzigen Samariter in Lk 10,30–37 macht wie das Buch Rut darauf aufmerksam, dass ein Mitglied des Gottesvolkes zu sein noch keine Garantie für Leben förderndes Verhalten ist, umgekehrt aber jemand gefährdetes Leben zu einem positiven werden lassen kann, von dem es eben gerade nicht erwartet wird. Nicht die Herkunft ist also das Entscheidende, sondern das Handeln, womit wir theologisch in die Nähe von Aussagen kommen, die in Jes 56 aufscheinen. Rut ist so zum Vorbild für rechtes Handeln, für Treue und das Üben von Solidarität geworden, woran die mehrfache Rede von der *chäsäd* (Güte) einen nicht unwesentlichen Anteil hat. Mit ihr wird Rut zugleich zu einem Vorbild für einen rechten Glauben, ist doch das Üben von Güte im Rut-Buch nicht losgelöst zu sehen von der Gnade Gottes, die sich im Handeln von Menschen manifestiert.

Diese verschiedenen Ansätze[127] zur Bestimmung der Intention des Rut-Buches müssen keineswegs als ein-

---

126 Vgl. Robertson Farmer, 893.
127 Vgl. dazu auch den sehr übersichtlichen Überblick bei Frevel, 34–40.

ander entgegengesetzte oder gar ausschließende verstanden werden. Vielmehr sind sie Ausdruck der Vielfalt einer auch leserorientierten Exegese bzw. der Situationsverhaftetheit der Auslegenden und deren Auswirkung auf die Exegese. Ebenso zeigt die Vielfältigkeit der Ansätze die Vielschichtigkeit des Buches auf, ohne die eine solche Fülle an Interpretationszugängen kaum denkbar wäre.

C WIRKUNG

1. DAS RUT-BUCH ALS TEIL DES KANONS

Die Moabiterin Rut ist neben der Jüdin Esther als einzige Frau Namensgeberin für ein Buch in der hebräischen Bibel. Damit wird Rut bereits zur Besonderheit und die Aufmerksamkeit gezielt auf sie gelenkt. Angesichts der außergewöhnlichen Persönlichkeit Ruts mag es verwundern, dass das nach ihr benannte Buch im Gegensatz zu anderen alttestamentlichen Büchern wie dem Hohenlied und Esther in seiner Zugehörigkeit zum Kanon in der Zeit der Kanonbildung und auch später nicht ernsthaft umstritten war. Dennoch muss sehr genau hingesehen werden, um Missverständnisse zu vermeiden: Der Traktat Megillah im babylonischen Talmud, der über Probleme im Zusammenhang mit der Kanonizität der Schriften schreibt, erwähnt auch das Rut-Buch (bab Megilla 7a). Nach Rabbi Simeon ben Yohai ist die Kanonwürdigkeit des Buches Prediger Salomo zwischen den Schulen von Rabbi Hillel und Rabbi Schammai umstritten. Für das Buch Rut wird ebenso wie für das Hohelied und Esther festgestellt, dass sie die Hände unrein machen. Dies sieht auf den ersten Blick so aus, als ob damit gegen die Zugehörigkeit nicht nur des Predigerbuches, sondern auch der anderen erwähnten Schriften zum Kanon Stellung bezogen würde. Larkin macht jedoch zu Recht darauf aufmerksam, dass sich die Rede von der Verunreinigung der Hände auch auf das gefährliche ›Anstecken‹ durch Heiligkeit beziehen kann bei dem, der die Rolle mit Händen berührt.[1] Durch das

---

1   Larkin, 33; vgl. auch Hubbard, 5.

Berühren der Schriftrolle kommt man in Kontakt mit dem Bereich des Heiligen, der dem Menschen eigentlich entzogen ist, dem fascinosum und tremendum zugehört und als solcher ›gefährlich‹ ist. Somit ist auch hier kein Anzeichen für eine Problematisierung der Kanonizität des Rut-Buches festzustellen.

Die hebräisch-jüdische Tradition reiht das Rut-Buch ebenso wie das Esther-Buch unter die »Schriften«, die Ketubim ein, also nach der Tora und den Propheten, den Nebi'im, in den dritten Teil der hebräischen Bibel. Damit bekommt zwar das Buch weniger theologisches Gewicht als etwa eines aus den Fünf Büchern Mose (der Tora, dem ersten Teil der hebräischen Bibel), das wird aber dadurch aufgehoben, dass das Buch zur Festrolle des die Tora feiernden Schawuot-Festes wurde und damit einen ganz besonderen Rang zugedacht bekommt.

Die Reihenfolge innerhalb der »Schriften« ist nicht in allen Bibelausgaben identisch. Die Biblia Hebraica Stuttgartensia wie auch ihre ›Vorgängerin‹, die Biblia Hebraica in der Ausgabe von Rudolf Kittel, stellen das Rut-Buch an den Beginn der fünf Festrollen. Dies entspricht dem Gebrauch einiger mittelalterlicher Handschriften, die von einer chronologischen Anordnung ausgehen und – an der erzählten Zeit des Rut-Buches orientiert – dieses deshalb an die erste Stelle setzen. Angesichts einer postulierten Sprachverwandtschaft mit den Samuel-Büchern nehmen sie noch dazu Samuel als Verfasser an, was die chronologische Einordnung an erster Stelle forciert. Hier scheint eine eher geschichtliche Deutung der Rut den Ausschlag zu geben.

Ein anderer Akzent wird in den Ausgaben gesetzt, die das Rut-Buch dem Hohenlied (der Festrolle am Passa-Fest) nachstellen und das Buch der Klagelieder (Threni, die Festrolle für den 9. Ab, den Gedenktag der

Zerstörung Jerusalems) und Esther (die Festrolle für Purim) folgen lassen (so in den *Miqr'ot gedolot* u. a.). So wird wiederum eine chronologische Ordnung angewandt, die zudem auch liturgische Gesichtspunkte beinhaltet, zumal die Reihenfolge der jüdischen Feste nach Ex 12,2 im Frühjahr mit dem Passa beginnt und der alttestamentlichen Geschichtsschreibung folgend Schawuot mit seiner Erinnerung an die Übergabe des Gesetzes am Sinai an zweiter Stelle, nach der Erinnerung an den Exodus, steht. Darüber hinaus führt das Rut-Buch mit seiner Stellung nach dem Hohenlied das Thema der Liebe weiter. Rut selbst wird zu dessen Konkretisierung. Eine weitere Variante bietet die Stellung des Rut-Buches vor den Psalmen, Hiob und Prediger, also ganz zu Beginn der »Schriften«, wie sie in der Mischna (Berakhoth 57 a,b) und im babylonischen Talmud (bBat 14b; vgl. dazu auch 4. Esra 14,44–46; ebenso Josephus in Contra Apionem) zu finden ist. Diese Reihenfolge ist vermutlich mit der Rolle Ruts als Vorfahrin Davids zu begründen, in der David als postulierter Verfasser der Psalmen das Verbindungsglied herstellt. Im Aleppo Codex bzw. im St. Petersburger Codex, die der gegenwärtigen wissenschaftlichen Ausgabe der Biblia Hebraica zugrunde liegen, folgt das Rut-Buch den Proverbien. Das dürfte vor allem auf eine Stichwortassoziation zurückzuführen sein. In Spr 31,10–31 wird die *'eschet chajil*, die tüchtige Frau, gepriesen, eine Formulierung, die in Rut 3,11 zur Beschreibung der Rut wiederbegegnet. Sie wird damit in ihrer scheinbar fassbaren, konkreten Gestalt zur paradigmatischen tüchtigen Frau. Die Reihenfolge der Bücher Proverbien – Rut – Hoheslied bietet zudem durchgängig nicht nur ein eher unkonventionelles Frauenbild, sondern auch ein für das Alte Testament insgesamt unübliches Bild über die Beziehungen von Paaren.

In den herkömmlichen christlichen Bibelübersetzungen findet das Buch Rut seinen Platz zwischen dem Richterbuch und dem 1. Samuel-Buch und wird so zum Teil der Geschichte Davids. Damit wird die Reihenfolge der hellenistisch-jüdischen Tradition aufgenommen, wie sie sich im Kanon der griechischen Septuaginta bzw. der von ihr abhängigen lateinischen Vulgata findet. Diese Anordnung ist einerseits durch die Datierung des erzählten Geschehens in die Richterzeit (Rut 1,1a) und durch die betonte Rolle Bethlehems bedingt, die das Buch Rut mit dem Richterbuch verknüpfen (vgl. Ri 17–21 mit Bethlehem als einem der Hauptschauplätze). Inhaltlich bietet das Rut-Buch allerdings einen Kontrast zum (Ende des) Richterbuch(es). Während das Richterbuch am Beispiel der Benjamiten die zerstörerischen Folgen des Fehlens von Loyalität und Zuwendung vor Augen hält, zeigt das Rut-Buch – sogar am Beispiel einer Fremden –, in welch hohem Maß Leben fördernde Kraft von denjenigen ausgeht, die Loyalität und Zuwendung üben. Die Rut-Erzählung wird mit ihrer selbstverständlichen Bereitschaft bei der Aufnahme der Moabiterin zur Kontrastgeschichte für die Erzählung vom Sexualmord in Ri 19 f., die den abscheulichen Missbrauch der Gastfreundschaft gegenüber den Fremden schildert.

Auch wenn der griechische Text des Rut-Buches keine wesentlichen Änderungen im Gegenüber zum Text der hebräischen Bibel bietet,[2] zeigen die hebräische wie die griechische Fassung gerade auch durch ihre Stellung im Kanon voneinander deutlich differierende Interessen. Der hebräische Kanon lässt die Rut-Ge-

---

2   Zu eher situationsbedingten Abweichungen vgl. Zenger, 103 f. In 2,7 ist z. B. ein deutlicher Versuch zu erkennen, den hebräischen Text zu glätten. (Gerleman, 2, hingegen geht von einer anderen Vorlage des Übersetzers aus.)

schichte als eine sehr viel eigenständigere erscheinen als die Septuaginta-Version, die eher vorbereitenden Charakter hat und Rut vor allem als Hinführung auf die David-Geschichte und damit die Geschichte des Hauses Davids liest.

Der Umgang mit dem Buch Rut im Verlauf der Kanongeschichte spiegelt auf sehr deutliche Weise die Vielschichtigkeit der Aussagen und Intentionen des Buches bzw. der Deutung der Person Ruts wider und wird so selbst schon zu einem Teil der Auslegungsgeschichte.

2. RUT IN DER CHRISTLICHEN TRADITION

Rut hat durch ihre Aufnahme in den Stammbaum Jesu in Mt 1,5 einen eigenständigen Platz in der christlichen Tradition. Neben der inzestuösen Tamar (1,3), der Dirne Rahab (1,5) und der ehebrecherischen »Frau des Uria« (Bathseba, 1,6) wird sie in einer langen Männerliste zur Partnerin, mit der zusammen dem nächsten Geschlecht Leben gegeben wurde. Die Auswahl wirkt auf den ersten Blick irritierend, handelt es sich doch hierbei um Frauen, die eher unkonventionelle Rollen spielen, gesellschaftlich nicht angepasstes Verhalten zeigen und deshalb nicht unbedingt herausgehobene Erwähnung erwarten lassen. Mit ihrem Verhalten werden sie jedoch zu Wegbereiterinnen für Maria mit ihrem ebenfalls unkonventionellen Empfangen und Gebären des Sohnes.[3]

---

3 Wobei die Umstände von Marias Schwangerschaft und Gebären sicher die außergewöhnlichsten sind (dazu genauer Jakubinyi, 195 f.), aber natürlich ist Vorsicht geboten bei einer allzu schnellen Ineinssetzung der Frauen und Luz fragt zu Recht: »Aber sind etwa die Ehe der Rut, der Ehebruch der Batseba

Einer der Gründe für die ausdrückliche Erwähnung der Frauen mag ihr außergewöhnliches Verhalten in der Paarbeziehung gewesen sein, das in der Darstellung der Geschichte Israels jeweils zu wichtigen vorwärts führenden Schritten wurde (Weiterführung der Linie Judas, Geburt Obeds als Vorfahr Davids, Geburt Salomos sowie das herausragende Handeln Rahabs, das die Landnahme an einem entscheidenden Punkt weiterbrachte). Wichtige Ereignisse der Geschichte Israels hin auf dem Weg zur Geburt des Messias sind mit ihrem Namen verknüpft. Eine solche Interpretation steht allerdings im Kontrast zu Aussagen wie z. B. von Theodor Zahn in seinem damals viel gelesenen Matthäuskommentar, dessen dritte Auflage 1910 erschien: Das Geschehen um Tamar wird von Zahn als »ein schmachvolles Blatt in der Geschichte des Volkes und auch des von Juda und Tamar abstammenden Königshauses« gewertet. Er verbindet insgesamt die Namen der Frauen als solche, die für die »Sünde und Schande, welche auf dem Gebiet des geschlechtlichen Lebens liegt und somit der Fortpflanzung des Geschlechtes, welches für den Juden der Träger der größten Verheißung und Hoffnungen war, nach dem Zeugnis der atl. Geschichte als Makel anhaftet«, mit der »Erinnerung an jene Schandflecken in der Vorgeschichte und der Geschichte Davids«.[4] Rut wird dabei als Person aufgrund ihres eigenen Verhaltens durchaus positiv gewertet, dann aber angesichts ihrer Herkunft aus dem schändlichen Moab mit den anderen Frauen in einer Kategorie verhandelt. Die positiven Ansätze, die sich im Verhalten der Frauen finden, werden von Exegeten wie Zahn kaum berücksichtigt.

---

und gar die Verlobung Marias miteinander vergleichbar?«, Luz, 93.

4   Zahn, 64–66.

Für die Komposition des Stammbaums dürfte die nichtisraelitische Herkunft der vier Frauen[5] nicht unwichtig sein. Er beginnt in 1,1 mit der Nennung des Jesus Christus, »des Sohnes Davids, des Sohnes Abrahams«. Mit der Erwähnung Abrahams wird so gleich zu Beginn des Matthäusevangeliums – wenn auch eher indirekt – darauf aufmerksam gemacht, dass dieser Jesus Christus, der als »Sohn Davids« aus dem Judentum kommt, Bedeutung hat, die weit über das Judentum hinausgeht. In der Person des Abraham wird die Völkerwelt mit angesprochen, wenn wir an Aussagen wie 1. Mose 12,3 (In dir sollen gesegnet werden alle Geschlechter der Erde) oder 1. Mose 15,4 (Du sollst ein Vater vieler Völker werden) denken. In Tamar, Rahab, Bathseba und Rut findet der indirekte Bezug zu den Nichtisraeliten durch Abraham seine konkrete Ausgestaltung. Damit ist die Hinwendung Jesu zu den Heiden, die zu einem wichtigen Thema im Matthäusevangelium geworden ist (vgl. Mt 28,19 f.), bereits in dessen ersten Versen angedeutet.[6]

Die Einbindung der genannten Frauen in den Stammbaum Jesu hat aber auch noch eine ganz andere Komponente. Es ist für eine Genealogie außergewöhnlich, dass Frauen erwähnt werden. So ist zunächst einmal festzuhalten, dass hier *Frauen* überhaupt als Menschen wahrgenommen werden, die wesentlichen Anteil am Geschehen haben. Zum anderen ist daran zu denken, dass auch Jesus selbst sich nach dem Zeugnis des

---

5   Neben der Moabiterin Ruth finden wir die Kanaanäerin Rahab. Tamar ist der Tradition nach Aramäerin (vgl. Jub 41,1; Test Jud 10,1; anders Philo, Virt 221, der von einer syrischen Palästinerin spricht). Über die Herkunft Bathsebas wird nichts gesagt, es kann jedoch angenommen werden, dass sie als Frau des Uria ebenfalls Hethiterin war.

6   Mit Luz, 94 f.

Evangeliums Frauen zuwandte und sich für sie ein-
setzte. So mag die Erwähnung der Frauen gleich zu
Beginn des Evangeliums zugleich ein Lesehinweis sein,
um die Bedeutung der Frauen in der Geschichte des
Jesus Christus nicht zu übersehen.

Vor allem bei den Kirchenvätern erhielt Rut Gewicht. Sie deuteten sie typologisch und machten sie so
zur Repräsentantin der Heiden, die sich Christus zuwenden. In einer solchen Auslegung wird Boas mit
Christus gleichgesetzt und beide werden als Braut und
Bräutigam zu einer ekklesiologischen Größe. Dieses
Verständnis des Rut-Buches setzte sich in den späteren
Jahrhunderten fort. Ein sehr eindrückliches Beispiel
für die weit verbreitete typologische Deutung finden
wir in dem 1611 erschienenen Kommentar des Jesuiten
Nicolaus Serarius »Commentarii in sacros Bibliorum
libros Judicum et Ruth«: »Alle, die sich um den mys-
tischen Sinn bemühen, lehren, dass Boas' Bild und
Gestalt Christi, Rut aber der christlichen Kirche ist,
sofern sie aus den Heiden gesammelt und erbaut ist.«[7]
Diese Art der Annäherung ist für lange Zeit bestimmend gewesen.

Ein besonderes Beispiel für den Umgang mit dem
Buch Rut findet sich bei Ephrem dem Syrer,[8] einem
Vertreter des östlichen Christentums aus dem 4. Jahrhundert, der zunächst in Nisisbis, dann in Edessa
lebte; beide Städte liegen im südöstlichen Teil der
heutigen Türkei. Er greift an zwei Stellen in seinem

---

7   »Boozum Christi effigiem et figuram, Ruth vero Ecclesia chris-
     tianae, quatenus ex gentibus ea collecta et constructa docent,
     qui mysticum sensum attingunt omnes.« (eigene Übersetzung
     aus dem Lateinischen), Lutetiae Parisiorum MDCXI, S. 799.
8   Dazu genauer Richardson Jensen, auf deren Ausführungen
     sich meine Darstellung stützt. Der Text der Hymnen ist zu
     finden in CSCO 186 f./S. 82 f.

Werk auf Rut zurück, die beide in den Hymnen über das Geburtsfest des Herrn zu finden sind und sich auf Ruts Liegen zu Boas' Füßen beziehen. In 1,13 lesen wir, dass Rut mit Boas niederlag, weil sie in ihm die Medizin des Lebens verborgen sah und ihren Eid erfüllt, weil der Geber allen Lebens aus ihrem Samen hervorgeht. Für Ephrem gehört Rut neben anderem zu dem Schatten, den der Messias vorauswirft, da aus ihrem Samen derjenige stammt, der endgültig das Leben sichert. Außergewöhnlich ist die Rede vom Samen der Frau. Ephrem durchbricht damit die übliche Form der Genealogie, die über die männliche Linie führt und kommt so in die Nähe zu Mt 1. Allerdings wird auch Boas an der Genealogie beteiligt, da Rut in ihm die »Medizin des Lebens« verborgen sieht – womit ebenso auf den Messias angespielt wird wie mit dem »Geber des Lebens«.[9] Mit der Erwähnung des Eides von Rut gerät die Erzählung zudem in eine Reihe mit den prophetischen Verheißungen, die sich in Jesus erfüllt haben. In einem weiteren Abschnitt der Hymnen über das Geburtsfest des Herrn (9,7.12.14–16) stellt Ephrem Rut in eine Reihe mit Tamar und Rahab. Rahab, die auf Männerfang aus war, wurde von Jesus selbst gefangen, das Tun von Tamar und Rut hingegen sieht er als ein Mitwirken daran, dass die Geburt Jesu möglich wird. Das zunächst fragwürdige sexuelle Verhalten, das Verletzen der gesellschaftlichen Konventionen durch Rut wird spirituell überhöht durch das aus ihm folgende Ergebnis und so gerechtfertigt.

Carlos Mesters Veröffentlichung »Der Fall Rut« ist die Niederschrift seiner Lektüre der Rut-Erzählung in brasilianischen Gemeinden. Sie zeigt in anrührender

---

9   Richardson Jensen, 173: »The medicine of life is one of Ephrem's many titles for Jesus, and indicates his outlook on life – the world is ill and needs a doctor.«

Weise, wie aktuell die Thematik des Rut-Buches gerade auch in Gemeinschaften ist, die weit entfernt von dem uns immer noch gewohnten Wohlstand leben. Für Mester wird das Buch Rut in der Reflexion des Leides und seiner Bewältigung auf der Erzähebene zum Spiegel für die Erfahrungen und Möglichkeiten der damaligen Hörer und Hörerinnen: »Die Geschichte von Rut zu hören, war für das Volk so, als schaue es sich selbst in einem Spiegel an. Dem Volk begegnete in diesem Spiegel nicht nur eine hübsche Geschichte aus alter Zeit, sondern das lebendige Bild seiner eigenen Situation. Diese Geschichte sprach von ihm selber, vom Anfang bis zum Ende.«[10] Liest man die Auslegung Mesters, so wird deutlich, dass auch dann, wenn es nicht ausdrücklich vermerkt ist, für ihn die Erzählung für seine eigene Situation bzw. die seiner Gemeinden transparent ist. In Naomi und ihrem Hintergrund spiegelt sich die katastrophale wirtschaftliche Situation der eigenen Umgebung, in der Solidaritätserfahrung durch Rut und dem daraus beginnenden neuen Leben liegt der Keim zur Hoffnung auf Veränderung auch im eigenen Kontext. Dass es gerade Frauen waren, arm, verwitwet, kinderlos, die in ihrer Gesellschaft absolut nichts zählten, die den Anfang zu Neuem legten, lässt auch diejenigen auf Zukunft hoffen, die in ihrer heutigen Gesellschaft nichts gelten.[11]

---

10 Mester, 18.
11 Vgl. Mester, 79: »Entscheidend ist hier, daß im Buch Rut alle Erneuerung und der Wiederaufbau des Volkes von zwei Frauen ausgehen, armen Frauen, Witwen, Heimatlosen, Kinderlosen, und eine der beiden ist eine Ausländerin! Was mögen wohl die Männer damals von dieser Geschichte der Rut gehalten haben? Gibt es solche Geschichten noch heute? Was denken Männer heute von solchen Geschichten? Die Männer mögen in den Spiegel des Buches Rut schauen und ihre Meinung sagen:

3. RUT IN DER JÜDISCHEN TRADITION

Das Rut-Buch und damit die Person der Rut haben in der jüdischen Tradition zweifellos einen größeren Stellenwert als in der christlichen. Die Zuordnung des Rut-Buches als Festrolle des Schawuot- (Wochen)-Festes[12] und damit das jährliche Verlesen räumen ihm einen Platz in der Liturgie ein, wie ihn die christliche Tradition nicht vorweisen kann.[13] Äußerer Anknüpfungspunkt dürfte das Lesen der Ähren sein – also die Erntezeit, die einen wesentlichen zeitlichen Rahmen für die Rut-Erzählung bildet –, wenn wir in Betracht ziehen, dass das Schawuot-Fest zunächst ein Erntefest war und ihm seine theologische Bedeutung im Zusammenhang mit der Geschichte Israels erst später zukam. Da sich Rut mit ihrer Entscheidung, Naomi zu folgen, auch dem israelitischen Recht unterwirft und dann in Kapitel 3 selbst zur Rechtsauslegerin wird (vgl. B 2.6), dürfte ebenso die Verknüpfung von Schawuot mit der Tradition der Übergabe der Tora am Berg Sinai im Verlauf der Wüstenwanderung zum inneren Anknüpfungspunkt der Rut-Erzählung geworden sein.

Aus der traditionellen jüdischen Auslegungstradition sollen nur wenige Beispiele herausgegriffen werden: Der Rut-Targum ist eine interpretierende (schwer

---

Was haben Naomi und Rut Frauen, die in den Basisgemeinden leben, mitzuteilen? Frauen, die in Bürgerinitiativen für den Aufbau einer neuen Gesellschaft kämpfen?«

12 Die wohl älteste Erwähnung dieses liturgischen Gebrauchs ist in Soferim 14,3 zu finden; dazu genauer Beattie, Targum of Ruth, 9.

13 Im christlichen liturgischen Kontext begegnet noch am ehesten das verkürzte Zitat aus Rut 1,16f.: »Wo du hingehst, da will auch ich hingehen« als von Brautpaaren gewünschter Text für die Trauansprache.

zu datierende) Übersetzung der Rut-Erzählung ins Aramäische, die gegenüber der Vorlage etwa doppelt so umfangreich ist und viele Parallelen im Midrasch und Talmud hat.[14] Für den Targum ist Ruts Übertritt zur Religion Israels und damit die Bereitschaft zur Einhaltung der Gebote JHWHs entscheidend. Deutlich wird das an der Einfügung der Proselytenprüfung im Zusammenhang mit Rut 1,16 f., die mit Nachdruck auf die Anforderungen der israelitisch-jüdischen Religion verweist, um die Bedeutungsschwere der Entscheidung zum Übertritt deutlich zu machen: »Ruth sprach: ›Dringe nicht in mich, dass ich dich verlassen soll, um zurückzukehren, weg von dir; denn ich verlange bekehrt zu werden.‹ Naemi sprach: ›Uns ist geboten, die Sabbate und die Festtage zu halten, wir dürfen an ihnen nicht mehr als zweitausend Ellen gehen!‹ Ruth antwortete: ›Wohin immer du gehst, will auch ich gehen.‹ Naemi sprach: ›Uns ist geboten, nicht zusammen mit den Heiden zu wohnen.‹ Ruth antwortete: ›Wo immer du wohnst, will auch ich wohnen.‹ Naemi sagte: ›Uns ist geboten, 613 Gebote zu beobachten.‹ Ruth antwortete: ›Was immer dein Volk beobachtet, will ich auch beobachten, als ob sie von Anfang an mein eigenes Volk wären.‹ Naemi sagte: ›Uns ist geboten, keine fremden Götter zu verehren.‹ Ruth antwortete: ›Dein Gott ist mein Gott.‹ ...«.Ganz ähnlich lesen wir auch im Midrasch Rut Rabba (ca. 500 n. Chr.): »Was heißt das: ›Dringe nicht in mich?‹ Sie sprach nämlich zu ihr:

---

14 Er hat diese möglicherweise als Quellen benutzt und wäre somit nach-talmudisch. Zum Problem der Datierung vgl. auch Beattie, Targum of Ruth, 12: »It may not be out of place of recall that the Tosafists, in contradiction Rashi's statement that there was no Targum of the Writings, observed that it was made in the time of tannaim. That is the oldest known opinion on the origin of this Targum, and it may very well be right.«

›Nimm nicht von mir weg, dass ich dir begegnet bin, so dass ich dich verlassen und von dir zurückkehren soll, jedenfalls ist meine Absicht, zur jüdischen Religion überzugehen (Proselytin zu werden), allein ist es besser, es geschieht durch dich, als durch eine andere.‹ Als Noomi das hörte, fing sie an, ihre Schwiegertochter mit den Verhaltensregeln (Halachot) für Proselyten bekannt zu machen. Sie sprach nämlich zu ihr: ›Meine Tochter! Die Töchter der Israeliten pflegen nicht die Theater und Circusse der Heiden zu besuchen‹, worauf Ruth antwortete: ›Wohin du gehst, will ich auch gehen.‹ Noomi fuhr fort: ›Meine Tochter! Die Israeliten pflegen nicht in einem Hause zu wohnen, das nicht mit der Mesusa versehen ist‹, worauf Ruth erwiderte: ›Wo du weilst (übernachtest), da will ich auch weilen (übernachten), dein Volk ist mein Volk‹ d. s. die Strafbestimmungen und Warnungen (sie sollen auch für mich Geltung haben), ›dein Gott ist mein Gott,‹ auch die übrigen Vorschriften will ich beobachten.« So wird Rut in der rabbinischen Tradition zum Paradigma für die Aufnahme von Proselytinnen und Proselyten in das Volk Israel.

Zu erwähnen ist ferner eine Klage Davids aus dem Midrasch Rut Rabba, die sich mit der Person Ruts in der Ahnenreihe des großen Königs auseinander setzt. Angesichts des Verbots der Tora in 5. Mose 23,4 (Kein Moabiter darf je in die Gemeinde des Herrn eintreten) wird die Existenz einer Moabiterin unter den Vorfahren Davids problematisiert (Rut R 8.1): »Wie lange werden sie mich durch den Vorwurf erzürnen, dass sie sagen: Stammt er nicht von einer makelhaften Familie, stammt er nicht von der Moabiterin Ruth ab?« Der Midrasch löst das Problem ähnlich wie das Targum, indem er darauf verweist, dass in 5. Mose 23,4 nur von Männern, nicht aber von Frauen gesprochen wird (vgl.

Jebamot 76b). Rut kann damit zu einem Vorbild für alle werden, die sich als Proselytinnen und Proselyten dem Judentum zuwenden (wollen). Entsprechend werden in der jüdischen Tradition aus dem Buch Rut Regeln für den Umgang mit Menschen abgeleitet, die sich dem Judentum eingliedern wollen. Zu vergleichen sind dazu die Aussagen zu Rut 1,16–18 im Talmud in Jebamot 47b[15], die dort im Kontext einer rechtlichen Diskussion über die Aufnahme von Proselyten zu finden sind. Die spätere kodifizierte Praxis im Zusammenhang mit der Konversion findet insofern Eingang in das rabbinische Wiedererzählen der Rut-Geschichte, als manches eingetragen wird, sie aber nicht identisch ist mit dem im Rut-Buch Erzählten.[16]

Die Nähe der Rut zu Abraham, die sich besonders im Verlassen ihrer Heimat und ihrer Hinwendung zu dem ihr fremden Volk zeigt, wird schon verhältnismäßig früh in der jüdischen Tradition thematisiert, so in Gen R 59,9; Suk 49b. Ebenso wird Rut Boas in einer prophetischen Offenbarung als Stammmutter von Königen und Propheten vorgestellt. Im Targum wie im Midrasch stellt sich auch die Frage nach Schuld und Strafe im Zusammenhang mit dem Tod des Elimelech und seiner Söhne. So sieht Bab Bathra 91a das Verlassen des Landes der Verheißung als Sünde an, ebenso in der Heirat mit den Moabiterinnen einen Verstoß gegen das Gesetz des Deuteronomiums mit der Voraussetzung, dass die Frauen nicht zu Proselytinnen

---

15 Dazu auch Butting, Die Bedeutung der Rolle Rut, 114.

16 Bronner, 146 f., macht in diesem Zusammenhang auf eine Besonderheit der Rut-Erzählung aufmerksam: »Ruth is the only ›convert‹ to have a biblical book named after her a profound an unparalleled honor. [...] examine several themes in the Midrash related to the life and character of Ruth, which will reveal a Ruth possessing the feminine virtues the rabbis want to hold up for emulation.«

gemacht wurden (vgl. auch Targum 1,14; Rut R 8,1).[17] Nach anderer Interpretation besteht die Schuld der Söhne in der Mischehe. Naomis Aufforderung an ihre Schwiegertöchter, zu ihren Familien zurückzukehren, ist dementsprechend von der Absicht motiviert, kein sichtbares Zeichen der Schuld ihrer Söhne mit sich nach Hause zu nehmen, denn sonst würde für alle erkennbar werden, warum Naomi bestraft wurde. Deshalb gibt es auch keine positive Reaktion Naomis auf das Angebot Ruts, mit ihr zu gehen. Ebenso finde sich darin die Erklärung, warum Naomi Ruts Dasein mit keinem Wort erwähnt, als sie den Frauen Bethlehems ihr schweres Schicksal klagt.[18]

Nach Vorstellungen des Midrasch ist Rut als Tochter des Königs von Eglon königlichen Ursprungs (Rut R 1,4; 2,9), ein Gedanke, der seine Parallele darin hat, dass nach Gen R 45,1 Hagar eine Pharaonentochter ist. Die Verbindung der Rut-Erzählungen zu den Erzeltern-Erzählungen wird so auch im Midrasch weitergeführt. Zugleich wird die Linie der Vorfahren Davids aufgewertet, da nun auch auf der weiblichen Seite die Herkunft aus königlicher Familie gegeben ist (vgl. Sanh 105b).

In einer eher messianischen Interpretation begegnet Rut an mehreren Stellen der jüdischen Tradition. Die sechs Maß Gerste, die Rut nach 3,15 von Boas erhält,

---

17 Interessant ist hier ein Hinweis von Sherman, XLVI, unter Rückgriff auf den Zohar 'Hadach, der eine gegenläufige Position einnimmt: Rut muss schon im Zusammenhang ihrer Ehe mit Machlon konvertiert sein, da sie nur so vom Recht her als jüdische Ehe anzusehen ist. Nur so kann Naomi als ihre Schwiegermutter gelten und die Leviratsehe angewendet werden. Die Aussage von 1,16 sei deshalb notwendig, weil Rut trotz ihrer Konversion noch polytheistisch verhaftet geblieben sei.

18 Dazu genauer Friedman.

werden zum Bild für sechs Gerechte, die aus Rut hervorgehen: »... er maß sechs Sea Gerste hinein und lud sie ihr auf. Und es wurde ihr vom Herrn Kraft und Macht gegeben, dass sie dies tragen konnte. Und sogleich wurde ihr prophetisch geoffenbart, dass es bestimmt sei, dass die sechs Gerechten der Welt aus ihr hervorgehen sollten, jeder von ihnen mit sechsfachem Segen gesegnet: David, Daniel und seine drei Gefährten, und der König Messias.« Ähnlich äußert sich der Midrasch Rut Rabba (3,15) mit den Namen der sechs Gerechten David, Chiskia, Josia, Chananja, Mischael und Asarja. Auf verborgene messianische Züge im Buch Rut macht auch Tikunei Zohar aufmerksam (3,15).[19]

Die Bedeutung der Rut in der jüdischen Tradition zeigt sich in besonderer Weise am liturgischen Gebrauch des Buches Rut als Festrolle zum Wochenfest, zu Schawuot, wo es zusammen mit 2. Mose 19 f.; Hes 1,2; Hab 3 gelesen wird. Das Rut-Buch bekam seine Verbindung zum 50 Tage nach dem Passa-Fest ursprünglich als Erntefest (Weizenernte; vgl. 2. Mose 23,16; 34,22; 5. Mose 26,1 ff.) begangenen Schawuot über die Erwähnung der Gersten- und Weizenernte in Rut 2,23. Die zu David hinführende Genealogie am Ende des Buches mag ebenfalls *ein* Grund für die Zuordnung des Buches Rut zu Schawuot sein, da nach einer Legende David an Schawuot gestorben sei (P Hag 2,3; P Bet 2,4; Rut R 3,2).[20] Darüber hinaus feiert Schawuot die Übermittlung der Zehn Gebote an Mose am Sinai, die der Tradition nach 50 Tage nach dem

---

19 Vgl. auch Shuchat, 114: »the whole Book of Ruth is actually a metaphor with a hidden messianic agenda. This is similar to the rabbinic understanding of the Song of Songs as a metaphor for God's love for Israel.«

20 Vgl. Klein, Guide to Jewish Practice.

Auszug aus Ägypten stattgefunden haben soll. Das Verlesen der Rut-Rolle, mit dem Rut als *das* Paradigma für die Erfüllung der Tora vorgestellt wird, verknüpft das Gedenken der Übergabe der Tora mit der Erwartung einer Zukunft, in der die Tora eine noch weitaus größere Rolle spielen wird: »An diesem Fest der Tora erinnert Rut, die Moabiterin, an die messianische Zeit, in der von Zion auch für die Völker Weisung ausgeht (Jes 2,2–4).«[21]

In den Texten von Qumran finden sich nur wenige Reminiszenzen an Rut. Erhalten sind einzelne Fragmente, so 2QRuth[a] mit einem Fragment von 2,13–4,4; 2 QRuth[b] mit Teilen aus 3,13–18; 4 QRuth[a] mit 4 Zeilen aus Kap.1 sowie Rut 1,1–12 in 4 Q 104 und Rut 1,1–5,13–15 in 4 Q 105.[22] Über ein spezielles Qumranbild von Rut kann auf dieser Basis nichts ausgesagt werden.

Ein wenig klarer ist das Bild bei Flavius Josephus, der in seinen Antiquitates V,9,1–4 (1. Jh. n. Chr.) auf die Rut-Erzählung Bezug nimmt. Er spricht über die Begegnung Rut-Boas auf der Tenne ohne jegliche erotische Konnotation. Für ihn ist die Geschichte einerseits eine erzählerische Ausformung von 5. Mose 25,5–10[23] andererseits sieht er in Rut ähnlich wie in David ein Beispiel für Gottes Möglichkeit, einen Menschen aus einfacher Abstammung zu hohen Würden zu führen.[24]

---

21 Butting, Die Bedeutung der Rolle Rut, 115.

22 Dazu DJD III; 71–75.

23 Mit Zenger, 104.

24 »Dies glaubte ich von Ruth erzählen zu müssen, um daran Gottes Allmacht zu zeigen, dem es leicht ist, auch niedrige Menschen zur höchsten Würde zu erheben, wie er das mit David that, der von unbedeutenden Ahnen abstammte.« Übersetzung nach H. Clementz, Des Flavius Josephus Jüdische Altertümer, Wiesbaden ⁶1985, 307–310.

In der mystisch-esoterischen Tradition wird mit dem Namen Ruts gespielt. Der Zohar 'Hadach weist darauf hin, dass der Name Rut im Hebräischen *(rwt)* die gleichen Konsonanten umfasst wie das Wort für Turteltaube *(twr)*. Der Zohar schließt daraus, dass in gleicher Weise wie die Turteltaube für das Opfer auf dem Altar Rut würdig ist, in die Gemeinschaft Gottes aufgenommen zu werden.[25] Das Spiel mit dem Namen ist zu finden auch im Zusammenhang mit seinem Zahlenwert, der aus der Umsetzung der hebräischen Buchstaben in Zahlen errechnet wird (vgl. schon im Talmud, Baba Bathra). Der Zahlenwert von Rut beträgt 606. Wenn man zu dieser Zahl die 7 als Zahl der noachidischen Gebote, die für alle Völker gelten, hinzuzählt, erhält man mit 613 die Zahl der Gebote, die der Tora zugeschrieben werden. Rut wird so wieder zum Paradigma für die Erfüllung der Tora.

4. RUT IN DER POESIE

Die Absicht dieses Kapitels ist es, schlaglichtartig einige unterschiedliche Formen der Aufnahme der Rut-Erzählung vorzustellen und damit einen kleinen Einblick zu geben in die vielfältige Weiterwirkung des Rut-Buches. Es kann nicht seine Aufgabe sein, die Rezeption in der Malerei bzw. in der Literatur überblicksweise aufzuarbeiten. Der in der Literatur zu Rut viel zitierte Text aus Johann Wolfgang von Goethes Schrift »Der west-östliche Divan« hat die Rezeption des Buches wesentlich beeinflusst, begegnet man doch auch später immer wieder der Klassifizierung der Erzählung als Idylle: »Da wir von orientalischer Poesie

---

25   Dazu genauer Zlotowitz, 63.

sprechen, so wird notwendig der Bibel, als der ältesten Sammlung zu gedenken. Ein großer Teil des alten [sic!] Testaments ist mit erhöhter Gesinnung, ist enthusiastisch geschrieben und gehört dem Felde der Dichtkunst an. [...] Beispiels willen jedoch gedenken wir des Buches Ruth, welches bei seinem hohen Zwecke einem Könige von Israel anständige interessante Voreltern zu verschaffen, zugleich als das lieblichste kleine Ganze betrachtet werden kann, das uns episch und idyllisch überliefert worden ist.«[26]

Der Aspekt der Idylle wird in der szenischen Umsetzung der Rut-Erzählung durch den jüdischen ungarischen Schriftsteller und Journalisten Henrik Lenkei (1863–1943) aufgenommen, der im Untertitel seines kleinen Werkes von einem »drámai idil«, also einem Idyll in Dramenform spricht. Ruts Reinheit steht im Mittelpunkt des Stückes: Naomi ist um diese besorgt, als Rut zu Boas gehen will. Boas wird, während Rut bereits ohne sein Wissen auf seinem Lager liegt, von Abinoam und dann noch Tamar besucht und – jedoch erfolglos, da er sich längst in Rut verliebt hat – in Versuchung geführt. Als Boas Rut entdeckt, will er jedoch nichts mehr von ihr wissen, da er bei ihr die gleichen Absichten vermutet wie bei Abinoam und Tamar. Das Auftauchen Naomis verkompliziert die Situation, da sie von Boas erwartet, Ruts Ehre durch Heirat zu retten. Angesichts der vorausgegangenen Reaktion Boas fühlt Rut sich missverstanden und weist den wegen Naomi erfolgenden Heiratsantrag Boas zurück. Boas verkündet darauf, dass sein Verhalten dazu diente, Rut auf die Probe zu stellen, um sich zu vergewissern, dass sie wirklich reinen Herzens ist. Boas und Rut finden zueinander

---

26   Goethe, Werke I, 405.

und das Stück schließt mit dem Versprechen Ruts, Boas einen Nachfolger zu gebären, der eines königlichen Hauses würdig sei. Mit dem Auftreten von Abinoam und Tamar knüpft Lenkei ähnlich wie die biblische Rut-Erzählung selbst an die israelitischen Frauentraditionen an. Der Abschluss mit Ruts Versprechen stellt endgültig die Verbindung zur Geschichte Israels her.

Ebenfalls im 19. Jahrhundert verfasste Victor Hugo (1802–1885) sein Gedicht »Booz endormi«[27], eines aus dem während seines Exils (1852–1860) entstandenen Zyklus »La légende des siècles«, der geprägt ist von der Aufnahme biblischer, vor allem alttestamentlicher Motive. Hugos Affinität zum Alten Testament zeigt auch das Gedicht von 1856, in dem er auf eine Begebenheit zurückblickt, in der er mit seinen beiden älteren Brüdern sich einer nicht erlaubten Bibel bemächtigt und das Lesen zu einer großen Begeisterung führt. Besonders hebt er die Joseph-Erzählung, die Erzählung von Rut und Boas sowie die neutestamentliche Erzählung vom barmherzigen Samariter hervor.[28] Wie der Titel »Booz endormi« schon anzeigt, konzentriert sich das Gedicht weitgehend auf Boas; Rut wird nur an wenigen Stellen erwähnt. Hugo nimmt seinen Ausgangspunkt bei Rut 3,7, die Kapitel 1 bis 2 werden weitgehend ignoriert, auch Kapitel 4. Das Gedicht besteht aus vier Teilen, die jeweils thematisch anders bestimmt sind. Die erste Reihung von Vierzeilern stellt den alten, reichen, großzügigen Boas in den Vordergrund, wobei die Zeichnung als alter Mann nur begrenzt Anhalt an der biblischen Vorlage hat (am ehesten kann noch auf Boas Freude in 3,10 zurück-

---

27 »Der schlafende Boas«. Die folgenden Ausführungen verdanken sich insbesondere dem Aufsatz von Gilbert.
28 Vgl. dazu Gilbert, 59.

gegriffen werden, weil Rut nicht jungen Männern nachgegangen ist). Möglicherweise steht aber bei der Erwähnung des Lebensalters von 84 Jahren in einer späteren Zeile auch die jüdische Tradition im Hintergrund. Die zweite Reihung versetzt, Rut 1,1 entsprechend, das Geschehen in die Richterzeit. Die dritte spricht vom Traum des Boas, der bei Hugo ohne biblische Basis zu einem zentralen Motiv wird, zusammengebunden mit dem Traum des Jakob und der Judith (»comme dormait Jacob, comme dormait Judith«). Der Traum des Jakob ist dabei der einzige, der biblisch abgedeckt ist.[29] Boas träumt von einem Baum, der ihm aus dem Leib wächst. Gilbert denkt hier überzeugend an eine symbolische Aussage, die den Baum Jesse im Blick hat, also an den Enkel von Boas und Rut, den Vater Davids, und so auch an den Stammbaum Jesu.[30] Erst in der letzten Reihung kommt Rut zur Sprache als die Moabiterin, die sich unbemerkt, offensichtlich entblößt, zu den Füßen Boas niedergelegt hat. Die Ersterwähnung der Rut spielt mit dem Thema des Nichtwissens: Boas wusste nichts von der Anwesenheit einer Frau, Rut hingegen wusste nicht, was Gott von ihr wollte.[31] So wird Rut zu einer Gestalt, die den Sinn ihres Tuns nicht weiß, dies aber offensichtlich ausführt im Bewusstsein dessen, dass sie es zu tun hat. Mit Ruts Gegenwart verbindet sich die Erfahrung einer intensiven, vom Himmel herabfallenden Güte und des friedlichen Miteinanders von Tieren. Damit finden sich Anklänge an die messianische Verheißung von

---

29 Der Traum der Judith ist noch dazu ein Anachronismus, wenn Boas in der Richterzeit angesiedelt wird, Judith aber erst frühestens in die babylonische Zeit gehört.

30 Gilbert, 66.

31 »Boas ne savait point qu'une femme était là, Et Ruth ne savait point ce que Dieu voulait d'elle.«

Jes 11,1–6, die mit ihrer Rede von der Wurzel Jesse erneut an David erinnert. So wird Rut selbst zu derjenigen, welche die Güte verkörpert. Damit nimmt Hugo einerseits das in der Rut-Erzählung mehrfach wiederkehrende Motiv von der *chäsäd* (Güte) auf. Anders als in der biblischen Erzählung übt Rut die Güte jedoch nicht an Naomi, sondern an Boas, so dass sich das Verhältnis beider umkehrt, ist doch im Alten Testament Boas derjenige, der sich Rut gegenüber gütig/großzügig erweist. Andererseits wird so das Nichtwissen über das, was Gott von ihr wollte, zu einem Wissen und Rut zur Vorbotin des erwarteten messianischen Geschehens. Der Anklang an messianische Erwartung findet seine Fortführung mit der Erinnerung an den Berg, ›wo ein Gott gestorben ist‹, und weist in dieser zurückhaltenden Form auf das neutestamentliche Christusgeschehen hin. Mit der Erwähnung der Sichel aus Gold im Sternenfeld, die als Mondsichel Symbol für Fruchtbarkeit und damit auch für die Frau ist, gibt es darüber hinaus ein ebenso vorsichtiges Erinnern an die Abraham-Geschichte in Gen 15 mit ihrer Verheißung von Nachkommen so zahlreich wie die Sterne. So wird Rut bei Victor Hugo zu derjenigen, die mit der Zukunft eine neue Ära eröffnet.

Lesen wir jedoch neuere konkrete literarische Beispiele für die Aufnahme und Weiterverarbeitung des Rut-Motivs in der Literatur, zeigt sich ein anderes Bild. Am deutlichsten wird dies vielleicht in dem folgenden Gedicht von Nelly Sachs, die – 1891 in Berlin geboren – die Hitlerzeit durch die rechtzeitige Flucht nach Schweden kurz vor Ausbruch des Zweiten Weltkrieges überlebte und sich in ihrer Lyrik mit der Schoah und ihren Folgen auseinandersetzt:

LAND ISRAELS,[32]
deine Weite, ausgemessen einst
von deinen, den Horizont übersteigenden Heiligen.
Deine Morgenluft besprochen von den Erstlingen Gottes,
deine Berge, deine Büsche
aufgegangen im Flammenatem
des furchtbar nahegerückten Geheimnisses.

Land Israel,
erwählte Sternenstätte
für den himmlischen Kuss!

Land Israel,
nun wo dein vom Sterben angebranntes Volk
einzieht in deine Täler
und alle Echos den Erzvätersegen rufen
für die Rückkehrer,
ihnen kündend, wo im schattenlosen Licht
Elia mit dem Landmann ging zusammen am Pfluge,
der Ysop im Garten wuchs
und schon an der Mauer des Paradieses –
wo die schmale Gasse gelaufen zwischen Hier und Dort
da, wo Er gab und nahm als Nachbar
und der Tod keines Erntewagens bedurfte.

Land Israels,
nun wo dein Volk
aus den Weltecken verweint heimkommt
um die Psalmen Davids neu zu schreiben in deinen Sand
und das Feierabendwort *Vollbracht*
am Abend seiner Ernte singt –

steht vielleicht schon eine neue Ruth
in Armut ihre Lese haltend
am Scheideweg ihrer Wanderschaft.

Nelly Sachs nimmt in ihrem Gedicht Gedanken der
Bibel auf, die zunächst vorwiegend in deren Ver-
heißungskontext hineingehören (besonders deutlich
wird das in der Erinnerung an den Erzvätersegen) und
gibt ihnen durch die Konfrontation mit der Schoah

---

32   Sachs, Fahrt ins Staublose, 126 f. Das Gedicht ist Teil der
     Sammlung »Sternverdunkelung«.

eine neue Dimension. Entsetzen angesichts so viel erfahrenen Widerspruchs zu dem Verheißenen und leise
aufkeimende Hoffnung klingen ineinander. Und immer wieder finden sich ganz vorsichtige Reminiszenzen an messianische Hoffnung, wenn an Elia oder das
Paradies oder an David über seine Psalmen erinnert
wird. Das auch drucktechnisch besonders hervorge-
hobene »Vollbracht« erinnert dabei an die neutesta-
mentlichen Worte Jesu am Kreuz. In diese Reihe wird
als Abschluss vorsichtig fragend Rut hineingestellt –
noch zögernd, aber doch neues Leben erhoffend für
die Menschen und das als Heimat neu erhoffte Land.[33]

Auch Paul Celan, der 1920 in Czernowitz in der Bu-
kowina geboren wurde und seinem Leben 1970 in Paris
ein Ende setzte, versucht in seiner Lyrik, die Erfahrungen des Holocaust in Sprache zu fassen. Die Auseinandersetzung mit der Vergangenheit wird zum
Weg, sich nicht von ihr zu befreien, sondern sie zu
einem integrativen Bestandteil der eigenen Existenz
werden zu lassen. Für Celan ist Dichtung nur noch

---

33 Riede, Das »Leid-Steine-Trauerspiel«: »Nelly Sachs formuliert
ihre mythische Konzeption für das Land Israel, das unter den
Völkern eine Sonderrolle spielt, indem es die in seinem Gott
verankerte Existenzfülle in magisch-kosmischer Eingebunden-
heit mit dem Kraftzentrum des verwandelten Ich verwirklicht,
in einem Brief an Hugo Bergmann vom 18.1.1948, dem Grün-
dungsjahr des Staates Israel: ›Im Land Israel, wenn einst der
gesteigerte Nationalismus, hervorgerufen durch die maßlosen
Leiden, sich beruhigt hat, und der verschüttete Quell, der die
natürliche Verbindung in die Regionen des Alls verbindet,
wieder zu sprudeln beginnt, werden die Menschen von dort
ausgehend, ob Stadt, ob Land, ihre Häuser zu Ihm bauen, wie
man einfach nach der Sonnenseite baut. In meiner letzten Ge-
dichtsammlung (Sternverdunkelung; Anm. AR), die nun zum
Verlag gehen soll, fühlte ich diese kosmische Verbindung über-
allhin wie einen gesegneten Schlaf durch die Adern fließen‹ (B
90).«

denkbar auf dem Hintergrund des 20. Januar als dem Tag der Wannseekonferenz mit ihrem Beschluss zur Vernichtung des Judentums.[34] Der Dichter verbindet in seinem Gedicht »In Ägypten« das Einzelschicksal der Rut mit dem Schicksal des Volksganzen. Ägypten wird dabei zur Chiffre für Unterdrückung, für Diktatur, die für ihn wie für Millionen andere das Leben zerstört hat.

In Ägypten[35]

Du sollst zum Aug der Fremden sagen: Sei das Wasser.
Du sollst, die du im Wasser weißt, im Aug der Fremden suchen.
Du sollst sie rufen aus dem Wasser: Ruth! Noëmi! Mirjam!
Du sollst sie schmücken, wenn du bei der Fremden liegst.
Du sollst sie schmücken mit dem Wolkenhaar der Fremden.
Du sollst zu Ruth und Mirjam und Noëmi sagen:
Seht, ich schlaf bei ihr!
Du sollst die Fremde neben dir am schönsten schmücken.
Du sollst sie schmücken mit dem Schmerz um Ruth, um Mirjam und Noëmi.
Du sollst zur Fremden sagen:
Sieh, ich schlief bei diesen.

Drei Frauen begegnen hier, die in der Geschichte des Volkes Israel eine wichtige Rolle gespielt haben und die nun zu Symbolgestalten geworden sind. Mit ihnen wird jeweils auch Hoffnung auf neues Leben verbunden: Miriam hat ihre eigentliche Rolle beim geglückten Durchzug durch das Rote Meer, der aus der Todesgefahr heraus ins Leben führte. Naomi steht für die gelingende Heimkehr nach den schweren Jahren in der Fremde. Rut als die Ahnin der davidischen Dynastie setzt den Beginn des entscheidend Neuen.[36]

Bei Else Lasker-Schüler (1869–1945) werden Rut und

---

34 Celan, Meridian, 78: »Vielleicht darf man sagen, daß jedem Gedicht sein ›20. Jänner‹ eingeschrieben bleibt?«Vgl. dazu auch Donahue.

35 Celan, Gedichte, 42.

36 Hineinspielen wird auch noch, dass Paul Celan in Czernowitz und Bukarest eine enge Freundin mit dem Namen Ruth hatte:

Boas zur Metapher für Liebesbeziehungen und die seelische Lage von Liebenden:

Ruth

Und du suchst mich vor den Hecken.
Ich höre deine Schritte seufzen
Und meine Augen sind schwere dunkle Tropfen.

In meiner Seele blühen süß deine Blicke
Und füllen sich,
Wenn meine Augen in den Schlaf wandeln.

Am Brunnen meiner Heimat
Steht ein Engel.
Der singt das Lied meiner Liebe,
Der singt das Lied Ruths.[37]

Mit der Rede vom »Brunnen« nimmt Else Lasker-Schüler ein Motiv aus der Genesis auf und erinnert damit an Hagar, Rebekka und Lea. Die mehrfach zu spürende Nähe der Rut-Erzählung zu den Erzählungen über die Erzeltern Israels[38] wird damit auch in diesem Gedicht erkennbar. Die von der Autorin gebrauchten Bilder in ihren Gedichten »können aber auch als Ausdruck der Sehnsucht des jüdischen Volkes, zu dessen Erbe sich Else Lasker-Schüler seit der Jahrhundertwende verstärkt bekannte, gelesen werden«.[39]

Yvan Goll[40] thematisiert auf der Basis der Rut-Erzählung unter Rückgriff auf die Erfahrungen der Naomi

---

Noëmi Ruth Kraft. Ruth findet erneut Erwähnung in dem Gedicht »Saitenspiel«, dazu Wiedemann, in: Celan, Die Gedichte, 610.

37   Zitiert nach Motté, 109.

38   Vgl. dazu besonders deutlich den Kommentar von Fischer, Rut.

39   Motté, 109, mit Verweis auf Bauschinger.

40   Geb. 1891 in St. Dié, ist Goll hineingeraten in die Wirren um die deutsch-französischen Besitzansprüche um Elsass-Lothringen,

und mit ihr die nicht zu verarbeitenden Erfahrungen des Judentums, die in den Vernichtungen des 20. Jahrhunderts gipfelten. Mit deutlichen Anklängen an das Schema Jisrael und Verneinungen von dessen Aussagen wird die Gotteserfahrung in Frage gestellt in einer Dithyrambe, die er Naomi widmet, die als Stammmutter in der Sorge um ihr Volk klagt:

Ich trage so schwer an der Schicksalserbschaft
Meiner Bibelmütter,
Meiner Prophetinnen,
Meiner Königinnen.

Es rauschen so mächtig aus dunklen Jahrhunderten
Die Gottesjahre,
Die Tempeljahre,
Die Ghettojahre.

Es singen so wirr in meiner erschütterten Seele
Die Jahreszeitenfeste,
Die Himmelsfeste,
Die Totenfeste.

Es schreien so tief in meinem tollen Blut
Die Patriarchen,
Die Helden,
Die Söhne.

Hör, Israel, Adonai war dein Gott, Adonai war einzig![41]

Wir haben bei Goll einen Ansatz, bei dem Naomi im Vordergrund steht mit ihrer Treue zu ihrem Volk und dessen Land, auch in schwerer Zeit, wo die eigene Existenz bedroht ist. Von den eigentlichen Aussagen der Rut-Erzählung über Rut selbst ist einiges eingeflossen in die Zeichnung der Naomi, was in den bibli-

---

im Zweiten Weltkrieg emigrierte er, 1950 starb er in Paris, ohne je ganz Heimat gefunden zu haben. Er sprach von sich selbst als einem, der durch Zufall als Jude geboren ist, französisch durch das Wohnen wurde, deutsch durch einen Stempel.

41   Zitiert nach Motté, 105f.

schen Erzählungen nicht zu finden ist. Rut selbst findet keine Erwähnung, die Aussagen des Gedichts lassen sie aber im Hintergrund als Motivgeberin erscheinen.

Diese wenigen Beispiele vorwiegend aus der Neuzeit zeigen bereits etwas von der vielschichtigen Rezeption. Auffallend, aber nicht unbedingt verwunderlich ist dabei, dass das Rut-Motiv in der Literatur vor allem von jüdischen Autorinnen und Autoren aufgenommen wird.[42] Die Frage nach dem Selbstverständnis, die Bewältigung von Leben in zwei voneinander oft sehr verschiedenen Welten ist für jüdische Menschen oft ein wesentlich existentielleres Thema, so dass von daher von vornherein eine größere Affinität vorhanden ist. Die Erfahrung des Holocaust hat eine zusätzliche Verschärfung der Fragestellung gebracht. Der Blick auf weitere Werke würde die Vielfarbigkeit im Umgang mit dem Material der Rut-Erzählung noch deutlicher hervortreten lassen. Vor allem dann, wenn der Bereich der Poesie verlassen wird und auf romanhafte Verarbeitung des Stoffes zugegangen würde oder szenische Darstellungen stärkere Berücksichtigung fänden, die von der Gattung her dem biblischen Text wesentlich näher kommen.

5. Rut in der darstellenden Kunst

Begonnen sei mit einer jüdischen Illustration aus einem dreiteiligen mittelalterlichen Machsor[43] aus der

---

42 Vgl. auch die Auflistung der Werke in der CD-Rom-Version der Encyclopedia Judaica, wo in besonderer Weise auch auf spanischsprachige jüdische Literatur hingewiesen wird (s. v. Ruth).

43 Unter Machsor versteht man eine Sammlung von liturgischer Poesie, besonders zu den großen Festen, ähnlich dem christ-

Zeit um 1320[44], die zu der aschkenasischen Tradition des 12. bis 14. Jahrhunderts gehört, die Carol Fontaine in ihrem Aufsatz zu mittelalterlichen Illuminationen vorstellt[45]. Typisch für diese ist vielfach die Darstellung von Menschengestalten mit Tierköpfen, dabei vor allem Vogelköpfen, wobei zu bemerken ist, dass wir Ähnliches auch in christlicher Tradition finden.

Rut ist in beiden Teilen der Darstellung zu sehen, rechts mit einer Sichel in der Hand bei der Ährenlese unter anderen tierköpfigen Menschengestalten – vermutlich Frauen. Auf der linken Seite ist Rut mit zwei

Abb. 14: Rut beim Ährenlesen

lichen Brevier, mit illuminierten Initialen, Illustrationen am Rande und einer in der midraschischen Tradition wurzelnden Ikonographie.

44   Die drei Bände des Machsor sind an unterschiedlichen Orten aufbewahrt: Bd. I: Ms. A3 84, Bibliothek der Akademie der Wissenschaften Budapest; Bd. II: Ms. Add. 22413, British Museum London; Bd. III: Ms. Mich. 619, Bodleian Library Oxford.

45   Vgl. dazu Fontaine, die sich dabei auf liturgische Kompilationen aus Süddeutschland konzentriert.

menschenköpfigen männlichen Gestalten zu sehen. Der Kopf der Rut wird häufig als Kopf einer Katze angesehen und Rut wird somit zu einem Bastard – wie auch andere Frauen in den Zeichnungen dieser Handschrift.[46] Da die Katze in biblischen Texten nicht vorkommt, muss auf andere Traditionen zurückgegriffen werden. So spielt die Katze im babylonischen Talmud mehrfach eine Rolle in positiver Konnotation.[47] Für die Interpretation ist ebenso an die ägyptische Ikonographie zu erinnern, in der die Katzengöttin Bastet mit weiblichem Körper und Katzenkopf dargestellt als Schwester der zahmen löwenähnlichen Göttin Sekhmet begegnet, die beide als Bewahrerin des königlichen Haushalts, als Symbol für Freude, Fruchtbarkeit und Liebe gelten. Damit wäre wiederum eine deutlich positive Interpretation gegeben. Im Mittelalter verschwindet jedoch dieses positive Bild der Katze. Sie wird zum Inbegriff des Gefährlichen, Okkulten, der Häresie und dann auch bis in die neuere Zeit hinein zum Symbol für die (nicht nur positiv konnotierte) weibliche Sexualität. Wenn wir die Zeichnung Ruts mit dem Katzenkopf zu verstehen suchen, muss dies alles mitbedacht werden. Rut unterscheidet sich in ihrer Zeichnung von den männlichen jüdischen Personen, die mit menschlichen Köpfen dargestellt werden, und von den mit Vogelköpfen gezeichneten jüdischen Frauen. Rut wird somit bewusst als die Andere, die Fremde dargestellt.[48] Wenn dieser Interpretation zugestimmt werden kann, wird Rut damit von einer Geisteshaltung aus gezeichnet, die eher der von Esra und Nehemia entspricht.

---

46   Mit Fontaine, die von »hybrid creature« spricht. Sie verweist jedoch auch noch auf andere Interpretationen, 85, Anm. 36.

47   Nach Fontaine, 85 f.

48   Fontaine, 91: »It must be noted that Ruth's depiction marks her as both different from the Jewish *males*, who have normal

Eine einerseits zeitlich spätere und andererseits christliche Darstellung findet sich in der Federzeichnung in Braun von Rembrandt (1606–1669) mit dem Titel »Boas und Ruth«, die um 1638 entstanden ist.[49]

Abb. 15: Boas und Rut, Rembrandt

human heads, but also as different from Jewish women, who are portrayed throughout the zoocephalic manuscripts primarily with bird's heads. [...] For the male illuminator, it certainly seems that our Ruth bears the marking of double ›other-ness‹: female and foreign, forever relegated to the outer court of the true insiders.«

49 Entnommen Kreutzer, 63.

Boas steht in voller Größe, noch dazu im Hellen. Er wendet sich mit Blick und Gestus Rut zu, die in der Demutshaltung vor ihm kniet, jedoch in Blick und Handhaltung ihm korrespondierend. Ihre Körperhaltung insgesamt ist weniger demütig, als es ihr Knien vermuten lassen könnte. Die dunkle Schattierung auf der Bildhälfte Ruts hingegen kontrastiert die Boas umgebende Helle, in die Boas sie mit seiner Handbewegung offensichtlich erheben will. Wiederum spielt das Motiv der Ährenlese eine Rolle, doch im Vordergrund ist klar die Beziehung zwischen Rut und Boas gezeichnet. Diese wird durch Ähren im Umfeld als eine von Geber zu Empfangender erkennbar. Der Knecht nimmt in der Handbewegung den Gestus des Boas scheinbar auf, die Richtung ist jedoch nicht Rut zugewandt und bekommt dadurch eine andere Bedeutung. Er wird »zu einer dritten Figur, einem Zeugen für die sich anbahnende Beziehung zwischen Boas und Ruth«[50]. Möglicherweise ist diese Zeichnung auch bestimmt von der allegorischen Interpretation des Rut-Buches zur Zeit Rembrandts und damit würde auch hier etwas erkennbar von der Hinwendung der Kirche aus Heiden zu dem Christus, wie es Sauerländer für den Zeitgenossen Nicolas Poussin (1594–1665) aufzeigt.

Das wegen seiner reichhaltigen farbigen Naturdarstellung und der Speiseszene auf den ersten Blick sehr idyllisch wirkende Bild mit dem Titel »Sommer« zeigt bei genauerem Hinsehen eine größere Tiefe. Die drei Personen im Vordergrund – Boas, Rut, ein Schnitter – heben sich durch ihre feierliche Gestaltung von allem anderen ab. Die Verneigung des Knechts vor Boas korrespondiert dessen Handhaltung, welche die eines Herrschenden ist. Am rechten Bildrand ist ein Fels-

---

50   Kreutzer, 62.

Abb. 16: Sommer, Nicolas Poussin

stück zu sehen, das an die Stadt Petra erinnert, aus der
der Tradition nach Rut nach Israel gekommen ist. Über
Rut erscheint im Hintergrund eine blau getönte
Bergkuppe, die den Zion ins Bild bringt. Boas steht vor
einem ausladenden Baum, der Symbol für den Stamm-
baum in Mt 1 sein kann. So wird Boas zum Bild für
Christus, Rut aber zu derjenigen, die aus heidnischem
Gebiet kommend sich diesem zuwendet. [51]

Die beiden folgenden Darstellungen scheinen einander in manchem ähnlich zu sein. Unter den 29 Re-
liefs, die der Bildhauer Benno Elkan auf der etwa fünf
Meter hohen Menora vor dem Jerusalemer Parlament
gestaltet hat, findet sich auch eine Abbildung der Rut.
Rut wird Seite an Seite mit Rahel, einer der Stamm-
mütter Israels, abgebildet. Rahel ist als eine in Verzweiflung versunkene Frau dargestellt, die angesichts

---

51   Sauerländer, 174–176.

Abb. 17: Rut,
Relief auf der Menora vor der Knesset in Jerusalem

des erfahrenen Elends zusammengebrochen ist. »Sie
verkörpert das Elend und die Verzweiflung der Mütter, die ihre Kinder sterben sahen.«[52] Rut dagegen
bringt der Verzweifelten Trost – in der einen Hand Ähren und Brot (?), in der anderen einen Leuchter, den sie
über den Kopf der Rahel erhoben hält, der den Blick
weiterlenkt zu einer über ihm abgebildeten Krone.
Klara Butting sieht darin einen Hinweis auf das
Kommen des Messias.[53]

Stellen wir dem ein Bild vom Züricher Großmünster
zur Seite.[54] Es ist ein Segment vom Nordportal, von der
figürlich-plastisch gestalteten bronzenen so genannten
Bibeltür des Künstlers Otto Münch (1885–1965). Auf
der Tür sind die Zehn Gebote, das Apostolische Glau-

Abb. 18: Die Mütter aus Jesu Stammbaum

52   Butting, 113.
53   Ebd.
54   Bilder entnommen aus Grünenfelder, J./Winizki, E.

Abb. 19: Ruth, Otto Münch

bensbekenntnis und das Vaterunser dargestellt,[55] dazu die vier Mütter aus dem Stammbaum Jesu nach Matthäus[56] in der untersten Reihe der Tür.[57] Sie werden von Bibelworten umrahmt, die auf das Kommen Christi bzw. das Leben in ihm verweisen. Rut wird auf

---

55 Grünenfelder, 12, weist sicher zu Recht darauf hin, dass diese Anordnung der des Katechismus entspricht: »… man kann sagen, dass die Bibeltür nichts anderes ist als eine Illustration des Heidelberger Katechismus, den auch jedes Zürcher Kind auswendig zu lernen hatte«.

56 Der Beginn des Matthäusevangeliums war der Text der ersten Predigt Zwinglis am Zürcher Großmünster!

57 Grünenfelder, 20: »Sie schließen den thematischen Kreis, indem am Ende nochmals das Alte Testament aufgerufen wird, fußend auf einem Text des Neuen Bundes und gerechtfertigt in

eher traditionelle Weise als Ährenleserin dargestellt. Das Auffallende ist eher die Anordnung. Danach wird Rut ebenso wie die gleichfalls Nichtisraelitinnen Rahab und Bathseba ganz hineingenommen in die neutestamentliche Verkündigung.

Marc Chagall hat in seinem Schaffen mehrfach die Rut-Geschichte zum Thema gemacht. Einen besonderen Platz bekam Rut in der zweiten Folge der so genannten Verve-Bibel, in den »Dessins pour la Bible« aus den Jahren 1958/59, die sich vorwiegend biblischen Frauengestalten widmen. Eine der Lithographien zeigt Rut und die Ähren in einer nicht kolorierten Variante:

Abb. 20: Rut und die Ähren, Marc Chagall

dem Kinde, das auf dem vierten, dem Marienrelief, mit der Mutter Zwiesprache hält.«

Das Bild wird dominiert von einer Ährengarbe, die nahezu an die Stelle der Kleidung Ruts tritt. Allein die Hände und der Kopf von Rut selbst sind zu sehen. Die Darstellung strahlt durch ihre kräftigen, aber kurzen und nicht immer zusammenhängenden Striche Unruhe und Kraft zugleich aus – die Sorge um das Überleben wie die der Frau innewohnende Energie und Kraft, das Schicksal in die eigenen Hände zu nehmen, werden so miteinander verbunden.

Das Bild »Ruts Treffen mit Boas« lässt zwar weiterhin etwas vom Rangunterschied der beiden Hauptakteure erkennen. So wird Rut auf der rechten Bildhälfte nicht auf gleicher Höhe wie Boas dargestellt, die Beinhaltung könnte zudem ein beginnendes Knien as-

Abb. 21: Ruts Treffen mit Boas, Marc Chagall

soziieren. Doch anders als in vielen Darstellungen anderer Künstler ist nichts von der postulierten Demut der Rut in das Bild hineingekommen. Rut ist ganz aufrecht, der Kopf erhoben; in einer geradezu tänzerischen Haltung bewegt sie sich auf Boas zu. Diese Haltung wird von Boas erwidert. Auch die Farben der beiden Personen sind aufeinander bezogen. Das bei Boas dominierende Dunkelbraun wird vor allem durch die Haare Ruts aufgenommen. Das in ihrem Gewand vorherrschende Rot widerspiegelt sich im Gesicht des Boas, korrespondiert aber vor allem mit dem roten Feuerball hinter Boas. Unterhalb des Feuerballs sind schemenhaft drei Frauengestalten in den Erdboden gezeichnet: Naomi und ihre beiden Schwiegertöchter – ein Miteinander, das in dieser Form bereits der Vergangenheit angehört. Was jetzt wirklich zählt, ist die mit der Begegnung zwischen Rut und Boas beginnende Zukunft. Diese ist eine, die nicht von Unterwerfung geprägt ist, sondern durch Wärme, Nähe und Aufeinanderzugehen. Chagall hat hier deutlich etwas aus der Botschaft des Rut-Buches wiedergegeben, was selten von Künstlern wahrgenommen worden ist.

Der Holzschnitzer Gottfried Reichel hat in seine Dauerausstellung »Wider das Vergessen« im erzgebirgischen Pobershau auch die Figurengruppe »Ruth und Naëmi« eingegliedert. Er nimmt die Erzählung von Rut 1 auf und zeigt die beiden Frauen auf dem Weg. Der gebeugten Naomi spricht aus ihren Gesichtszügen, was sie den Frauen in Bethlehem sagt: Nennt mich Mara, die Bittere. Bei Rut zeigen Körperhaltung wie der Ausdruck des Gesichts trotz der kantigen Umrisse eine Weichheit, die sie Naomi liebevoll zuwendet. Beschützend und haltend geht sie hinter der fast in Stehposition verharrenden älteren Frau, die ›ihren

Abb. 22: Rut und Naomi, Gottfried Reichel

Packen trägt‹, und hilft ihr vorwärts. Die Solidarität
der jüngeren Frau gegenüber der älteren erhält so ihr
Denkmal und wird zum Werben für die Solidarität der
Stärkeren mit den Schwächeren.

Abb. 23: Rut, die zukünftige Mutter aus der Fremde, Anni Seifert

An den Schluss sei die Darstellung der österreichischen Künstlerin Anni Seifert »Ruth, die zukünftige Mutter aus der Fremde« gestellt: Was unmittelbar ins Auge fällt, sind die eckigen Konturen des Bildes. Jedweder Anklang an eine Idylle wird damit sogleich unterlaufen. Der durch das Gewand hindurchscheinende Körper ist auf ein Minimum reduziert. Es scheint, als bestehe Rut nur noch aus Haut und Knochen. Die gekrümmte Körperhaltung spiegelt die Last wider, unter der Rut lebt. – Und doch vermittelt der Bogen, der aus der Linie von Arm, Rücken und Kopf gebildet und vom Bogen der Sichel in Ruts Hand wieder aufgenommen wird, einen Eindruck des Geschütztseins. Ruts Gesicht wendet sich dem Betrachter zu, der Kopf, die Augen sind ein wenig nach oben gerichtet und gegenläufig zur Körperhaltung. Die goldgelben Ähren im unteren rechten Viertel des Bildes vermitteln den Eindruck beginnender Fülle – was auf Rut wartet, ist so viel mehr als das, was die Gegenwart für sie bereit hat. Das Gelb des Bodens, der tiefblaue Hintergrund und das intensive Rot des Gewandes sprechen ebenso von der möglichen Fülle des Lebens. So umschließt dieses Bild beides zugleich: das Befremdende, Herausfordernde, das auch der Rut-Erzählung innewohnt, aber auch das Mutmachende, zum Leben Rufende, Zukunfteröffnende.

D VERZEICHNISSE

1. LITERATUR

ALBERTZ, R. U. A., Frühe Hochkulturen, Leipzig/Mannheim 1997 (Lizenzausgabe WBG Darmstadt)

AULD, A. G., Ruth, Philadelphia 1984

BAL, M., Kommentar des Kommentars des Kommentars oder: Das enge Tor im Buch Ruth, in: Bal, M./van Dijk Hemmes, F./van Gienneken, G. (Hrsg.), Und Sara lachte. Patriarchat und Widerstand in biblischen Geschichten, Münster 1988, 77–99

BEATTIE, D. R. G., Jewish Exegesis of the Book Ruth, JSOTS 2, Sheffield 1972

BEATTIE , D. R. G., A Midrashic Gloss in Ruth 2,7, ZAW 89, 1977, 122–124

BIBERSTEIN, K., Geschichten sind immer fiktiv – mehr oder weniger, BiLi 75, 2002, 4–13

BLEDSTEIN, A. J., Female Companionships: If the Book of Ruth were written by a Woman, in: Brenner, A. (Hrsg.), A Feminist Companion to Ruth, Sheffield 1993, 116–133

BRAULIK, G., Das Deuteronomium und die Bücher Ijob, Sprichwörter, Rut, in: Zenger, E. (Hrsg.), Die Tora als Kanon für Juden und Christen, HBS 10, Freiburg 1996, 61–138

BRENNER, A. (Hrsg.), A Feminist Companion to Ruth, Sheffield 1993

BRENNER, A. (Hrsg.), A Feminist Companion to Rut and Esther, Sheffield ²1999

BRENNER , A., Was, wenn ich Rut bin?, BiKi 54, 1999, 117–120

BRONNER, L. L., A Thematic Approach to Ruth in Rabbinic Literature, in: Brenner, A. (Hrsg.), A Feminist Companion to Ruth, Sheffield 1993, 146–169

BRUPPACHER, H., Die Bedeutung des Namens Ruth, ThZ 22, 1966, 12–18

BUTTING, K., Die Buchstaben werden sich noch wundern. Innerbiblische Kritik als Wegweisung feministischer Hermeneutik, (Berlin 1994) Knesebeck ²1998

BUTTING, K., Die Bedeutung der Rolle Rut im Judentum: Dem Messias die Tür öffnen, BiKi 54, 1999, 113–116

CAMPBELL, E. F., The Hebrew Short Story: A Study of Ruth, in: Bream, H. N. (Hrsg.), A Light Unto my Path (FS J. M. Myers), Philadelphia 1974, 83–101

CAMPBELL, E. F., Ruth, AB 7, Garden City, 1975

CARMICHAEL, C. M., »Treading« in the Book of Ruth, ZAW 92, 1980, 248–266

CELAN, P., Die Gedichte. Kommentierte Gesamtausgabe, (hrsg. v. Wiedemann, B.), Frankfurt am Main 2003

CELAN, P., Der Meridian, in: Kiedaisch, P. (Hrsg.), Lyrik nach Auschwitz? Reclam UB 9363, Stuttgart 1995, 78–81

CRAPON DE CRAPONA, P., Ruth la Moabite, Labor et Fides, Genf 1982

CUNDALL, A. E./MIRRIS, L., Judges. Ruth, Tyndale Old Testament Commentaries, Leicester/Downers Grove, Illinois 1968

DA SILVA, A., Ruth, plaidoyer en faveur de la femme, Studies in religion – Sciences religieuses 27/3, 1998, 251–261

DONAHUE, N. H., Gedicht und Gedächtnis: Convergence and Divergence in the Works of Karl Krolow and Paul Celan, http://www.dickinson.edu/departments/germn/glossen /heft11/donahue.html

EBACH, J., Fremde in Moab – Fremde aus Moab. Das Buch Ruth als politische Literatur, in: Ebach, J./Faber, R. (Hrsg.), Bibel und Literatur, München ²1995, 277–304

EBACH, J., »Wo Du hingehst …« Ruth in Dachau gehört, in: ders., »… und behutsam mitgehen mit deinem Gott«, Theologische Reden 3, Bochum 1995, 78–94

EGERESSI, S., Nyelvrészet és folklor. Ruth könyvének magyarázata. Szentendre 2005

EICHRODT, H. E., Darstellung und Wahrnehmung der Relation Frau-Mann im Buch Rut: Gegensätzlichkeit oder Komplementarität?, in: Oeming, M. (Hrsg.), Theologie des Alten Testaments aus der Perspektive von Frauen, Beiträge zum Verstehen der Bibel (BVB) Bd. 1, Münster 2003, 255–276

ERZBISCHÖFLICHES ORDINARIAT BAMBERG (Hrsg.), Marc Chagall. Bilder zur Bibel, Ausstellungskatalog, Bamberg ²2003

EXUM J. CH., Plotted, Shot, and Painted. Cultural Representations of Biblical Women, JSOTS 215, Sheffield 1996

FANDER, M., Die Geschichte einer Freundschaft Rut (Rut 1–4), in: Meissner, A. (Hrsg.), Und sie tanzen aus der Reihe, Stuttgart 1992, 94–104

FISCHER, I., Gottesstreiterinnen, Stuttgart/Berlin/Köln 1995

FISCHER, I., Der Männerstammbaum im Frauenbuch, in: Kessler, R. u. a. (Hrsg.), »Ihr Völker, klatscht in die Hände!« (Ps 47,2), FS E. Gerstenberger, exuz 3, Münster 1997, 195–213

FISCHER, I., Apropos »Idylle« ... Das Buch Ruth als exegetische Literatur, BiKi, 54, 1999, 107–112

FISCHER, I., Das Buch Rut – eine »feministische« Auslegung der Tora?, in: Gerstenberger, E. S./Schoenborn, U. (Hrsg.), Hermeneutik – sozialgeschichtlich, exuz 1, Münster 1999, 39–58

FISCHER, I., Rut, HThKAT, Freiburg 2001

FISCHER, I., Rezeption von Recht und Ethik zugunsten von Frauen: Zu Intention und sozialgeschichtlicher Verortung des Rutbuches, in: Oeming, M. (Hrsg.), Theologie des Alten Testaments aus der Perspektive von Frauen, Beiträge zum Verstehen der Bibel (BVB) Bd. 1, Münster 2003, 109–125

FONTAINE, CAROL, R., Facing the Other: Ruth-the-Cat in medieval Jewish Illuminations, in: Brenner, Athalya (Hrsg.), Ruth and Esther. A Feminist Companion to the Bible (Second Series), Sheffield 1999, 75–92

FREVEL, CH., Das Buch Rut, NSK-AT 6, Stuttgart 1992

FUERST, W. J., The Books of Ruth, Esther, Ecclesiastes, The Song of Songs, Lamentations, CBC, Cambridge 1975

GERLEMANN, G., Ruth. Das Hohelied, BKAT XVIII, Neukirchen-Vluyn 1965

GILBERT, M., Quand Victor Hugo relit le livre de Ruth. »Booz endormi«, in: Mies, F. (Hrsg.), Bible et littérature. L'homme et Dieu mis en intrigue, Bruxelles 1999, 55–73

GOETHE, J. W. VON, West-östlicher Divan, in: Goethe Werke, Bd. I: Gedichte. West-östlicher Divan (hrsg. v. Birus, H./Eibel, K.), Darmstadt 1998 (Lizenzausgabe von Insel Verlag Frankfurt am Main/Leipzig 1998)

GORDIS, R., Love, Marriage and Business in the Book of Ruth, in: Bream, H. N. (Hrsg.), A Light Unto my Path (FS J. M. Myers), Philadelphia 1974, 241–264

GOULDER, M. D., Ruth: A Homily on Deuteronomy 22–25, in: McKay, H. A./Clines, D. J. A. (Hrsg.), Of Prophets' Visions and the Wisdom of Sages, FS R. Norman Whybray, JSOTS 162, Sheffield 1993, 307–319

GRAY, J., Joshua, Judges, and Ruth, The Century Bible, Grand Rapids 1967

GRÜNENFELDER, J./WINIZKI, E., Die Bibeltür am Großmünster in Zürich von Otto Münch, Zürich 1979

HAAG, H./SÖLLE, D./KIRCHBERGER, J. H., Große Frauen der Bibel, Ostfildern 2004

HAAG, H./ELLIGER, K./GROHMANN, M./SCHÜNGEL-STRAUMANN, H./SÖLLE, D./WETZEL, CH., Schön bist du und verlockend. Große Paare der Bibel, Freiburg/Basel/Wien 2001/2003

HAHN, J., Art. Moab und Israel, TRE 23, 1994, 124–129

HALLER, M./GALLING, K., Die Fünf Megilloth, HAT 18, Tübingen 1940

HALS, R. M., The Theology of the Book of Ruth, Philadelphia, Fortress Press, 1969

HARTMANN, D., Das Buch Ruth in der Midrasch-Literatur, Leipzig 1901

HERZOG, Z., Das Stadttor in Israel und in den Nachbarländern, Mainz 1986

HUBBARD, R. L., The Book of Ruth, NICOT, Grand Rapids 1988

HURVITZ, A., Ruth 2,7 – »A Midrashic Gloss«?, ZAW 95, 1983, 121–123

JAKUBINYI, GY., Az Úr Nemzetségtáblája Máténál (1,2-17), in: Benyik, Gy. (Hrsg.), Gyermekségtörténet és Mariológia, Szeged, 1997, 195–197

JOBLING, D., Ruth Finds a Home: Canon, Politics, Method, in: Exum, J. Ch./Clines, D. J. A. (Hrsg.), The New Literary Criticism and the Hebrew Bible, JSOTS 143, Sheffield 1993, 125–139

JOST, R., Das Buch Rut – ein Meisterwerk der Weltliteratur um den Überlebenskampf ausländischer Frauen, BiKi 54, 1999, 102–106

KATES, J. A./TWERSKY REIMER, G. (Hrsg.), Reading Ruth. Contemporary Women Reclaim a Sacred Story, New York 1994

KLUGER, Y./KLUGER-NASH, N., A Psychological Interpretation of RUTH/Standing in the Sandals of NAOMI, Einsiedeln 1999

KORPEL, M. C. A., The Structure of the Book of Ruth, Assen 2001

KREUTZER, M., Rembrandt und die Bibel, Stuttgart 2003

KRISTEVA, J., Fremde sind wir uns selbst, es 1604, Frankfurt am Main 1990

LACOQUE, A., Date et milieu du livre de Ruth, RHPR 3–4, 1979, 583–593

LACOQUE, A., Subversives, LecDiv 148, Paris 1992

LANDY, F., Ruth and the Romance of Realism, or Deconstructing History, in: dies., Beauty and the Enigma, JSOTS 312, Sheffield 2001, 218–251

LARKIN, K. J. A., Ruth and Esther, OT Guides, Sheffield 2000 (Nachdruck von 1996)

LENKEI, H., Rúth. Drámai idil 4 felvonásban, in: Évkönyv XL, Budapest 1915, 179–192 (Hrsg. Izraelita Magyar Irodalom Társulat = Israelitische Ungarische Literaturgesellschaft)

LEVINE, A.-J., Ruth, in: Newsom, C. A./Ringe, Sh. H. (Hrsg.), The Women's Bible Commentary, London/Louisville, Kentucky 1992, 78–84

LIPINSKI, E., Le Mariage de Ruth, VT 26, 1976, 124–127

LOADER, J. A., Of barley, Bulls, Land and Levirate, in: García Martínez, F. u. a. (Hrsg.), Studies in Deuteronomy, VTS 53, Leiden 1994, 123–138

LORETZ, O., The Theme of the Ruth Story, CBQ 22, 1960, 391–399

LORETZ, O., Das Verhältnis zwischen Rut-Story und David-Genealogie im Rut-Buch, ZAW 89, 1977, 124–126

LUZ, U., Das Evangelium nach Matthäus (Mt 1–7), EKK I/1, Neukirchen-Vluyn ²1989

MEINHOLD, A., Art. Ruth, TRE 29, 1998, 508–511

MEISSNER, A., Hoffnung wider alle Hoffnungslosigkeit Noomi (Rut 1–4), in: Meissner, A. (Hrsg.), Und sie tanzen aus der Reihe, Stuttgart 1992, 105–119

MESTERS, C., Der Fall Rut, Erlangen 1988

MEYERS, C., ›Women of the Neighborhood‹ (Ruth 4.17): Informal Female Networks in Ancient Israel, in: Brenner, A. (Hrsg.), A Feminist Companion to Rut and Esther, Sheffield ²1999, 110–127

MOORE, M. S., Ruth the Moabite and the Blessing of Foreigners, CBQ 60, 1998, 203–217

MÜNCH, O., Die Bibeltür am Großmünster in Zürich, Zürich 1979

MURPHY, R. E., Wisdom Literature. Job, Proverbs, Ruth, Canticles, Ecclesiastes, and Esther, FOTL XIII, Grand Rapids 1981

NAVÈ LEVINSON, P., Eva und ihre Schwestern, GTB 535, Gütersloh 1992

NIEHR, H., Die Rechtssprechung im Tor, BiKi 54, 1999, 128–130

NIELSEN, K., Ruth, OTL, Louisville Kentucky 1997

NOTH, M., Art. Moabiter, RGG3, Bd. IV, 1065/1066

POLKINGHORNE, D. E., Narrative Psychologie und Geschichtsbewusstsein. Beziehungen und Perspektiven, in: Straub, J. (Hrsg.), Erzählung, Identität und historisches Bewusstsein, stw 1402, Frankfurt am Main 1998, 12–45

RASHKOW I., Ruth: The Discourse of Power and the Power of Discourse, in: Brenner, A. (Hrsg.), A Feminist Companion to Ruth, Sheffield 1993, 26–41

RHEINHARTZ, A., »Why Ask My Name?« Anonymity and Identity in Biblical Narrative, New York/Oxford 1998

RICHARDSON JENSEN, J., Ruth according to Ephrem the Syrian, in: Brenner, A. (Hrsg.), A Feminist Companion to Ruth, Sheffield 1993, 170–176

RICHTER, H.-F., Zum Levirat im Buch Ruth, ZAW 95, 1983, 123–126

RIEDE, A., Das »Leid-Steine-Trauerspiel«. Zum Wortfeld »Stein« im lyrischen Kontext in Nelly Sachs' »Fahrt ins Staublose« mit einem Exkurs zu Paul Celans »Engführung«, Kapitel: 5. »Sternverdunkelung«, http://www.weissensee-verlag.de/php/cat-kapitel.php3?Buch=3-934479-41-3&Nummer=5

RIESENER, B. I., Art. Rut, NBL 2, 384–386

ROBERTSON FARMER, K. A., The Book of Ruth, NIB III, Nashville 1998, 889–946

RÖSNER, CH., »Dein Volk ist mein Volk, und dein Gott ist mein Gott«. Die Lebensgemeinschaft von Ruth und Noomi als Modell für interkulturelle Grenzüberschreitungen von

Frauen, in: Janssen, C./Ochtendung, U./Wehn, B. (Hrsg.), GrenzgängerInnen, Mainz 1999, 13–21

RUDOLPH, W., Das Buch Ruth. Das Hohelied: Die Klagelieder, KAT XVII 1–3, Gütersloh 1962

SACHS, N., Fahrt ins Staublose, st 1485, Frankfurt am Main 1988

SASSON, J. M., Ruth: A New Translation with a Philological Commentary and a Formalist-Folklorist Interpretation, Baltimore 1979

SAUERLÄNDER, W., Die Jahreszeiten. Ein Beitrag zur allegorischen Landschaft beim späteren Poussin, in: Münchner Jahrbuch der Bildenden Kunst 3 F. 7, 1956, 169–184

SCHARBERT, J., Rut, NEB, Würzburg 1994

SCHERMANN, N./ZLOTOWITZ, M., Ruth, Paris ²1990 (engl. New York 1976)

SEIM, J., Rut und Boas, in: Jörns, K.-P. (Hrsg.), Von Rut und Boas bis Judas. Frauen und Männer in der Bibel II, Göttingen 1993, 11–19

SHUCHAT, R. B., The Use of Symbolism and Hidden Messages in the Book of Ruth, JBQ 30, 2002, 110–117

SILVA, A. DA, Ruth. Un évangile pour la femme d'aujourd'hui, Montréal/Paris 1996

SÖLLE, D., Gottes starke Töchter, Luzern/Ostfildern-Ruit 2003

STRAUB, J., Geschichten erzählen, Geschichten bilden. Grundzüge einer narrativen Psychologie historischer Sinnbildung, in: ders. (Hrsg.), Erzählung, Identität und historisches Bewusstsein, stw 1402, Frankfurt am Main 1998, 81–169

TRIBLE PH., Gott und Sexualität im Alten Testament, GTB 539, Gütersloh 1993

VESCO, J.-L., La date du livre de Ruth, RB 74, 1967, 235–247

VOLGGER, D., YHWH gab Rut Empfängnis und sie gebar einen Sohn (Rut 4,13), BN 100, 1999, 85–100

WEEKS, ST. D. E., Biblical Literature and the Emergence of Ancient Jewish Nationalism, Biblical Interpretation 10, 2002, 144–157

WEINFELD, M., Art. Ruth, Book of, in: Encyclopedia Judaica, CD-Rom-Version

WITZENRATH, H. H., Das Buch Rut, StANT 40, München 1975

WOLDE, E. VAN, Intertextuality: Ruth in Dialogue with Tamar, in: Brenner, A./Fontaine. C. (Hrsg.), A Feminist Companion to Reading the Bible. Approaches, Methods and Strategies, Sheffield 1997, 426–451

WÜNSCHE, A., Der Midrasch Ruth Rabba, Bibliotheca Rabbinica 23, Hildesheim 1967 (Nachdruck)

WÜRTHWEIN, E./GALLING, K./PLÖGER, O., Die Fünf Megilloth, HAT I/18, Tübingen ²1969

ZAKOVITCH, Y., Das Buch Rut. Ein jüdischer Kommentar, SBS 177, Stuttgart 1999

ZEDLER, J. H., Grosses vollständiges Universal-Lexicon aller Wissenschaften und Künste, Bd. 32, Leipzig/Halle 1742 (Art. Ruth 1992–1996)

ZNENGER, E., Das Buch Ruth, ZBK.AT 8, Zürich ²1992

2. ABBILDUNGEN

Abb. 1: Naomi und ihre Schwiegertöchter; Chagall, Tusche auf Japanpapier; Roland, B. (Hrsg.), Marc Chagall. Die Bibel, 78

Abb. 2: Rut bei der Ernte; Chagall, Kohle und Tusche. Laviert; Roland, B. (Hrsg.), Marc Chagall. Die Bibel, 54

Abb. 3: Einladung; Zweigeteilte Miniatur der Wenzelsbibel (um 1400); Haag, H. u. a., Schön bist du und verlockend, 67

Abb. 4: Rut legt sich zu Boas; Illustration aus der Wenzelsbibel (II, 31; 14. Jh.); Haag, H. u. a., Große Frauen der Bibel, 155

Abb. 5: Bethlehem; Aus der Urbino-Bibel (1476–1478); Haag, H. u. a., Schön bist du und verlockend, 66

Abb. 6: Naomi und Rut; William Blake (1757–1827), Ausschnitt aus dem Gemälde »Noëmi mit ihren beiden Schwiegertöchtern«; Haag, H. u. a., Große Frauen der Bibel, 148

Abb. 7: Mescha-Stele, Louvre; Albertz, R. u. a., Frühe Hochkulturen, 298

Abb. 8: Juda und Tamar; Horace Vernet (um 1840); Haag, H. u. a., Schön bist du und verlockend, 61

Abb. 9: Naomi und ihre Schwiegertöchter, Marc Chagall; Haag, H. u. a., Große Frauen der Bibel, 154

Biblische Gestalten
Reihenübersicht

EVANGELISCHE VERLAGSANSTALT
Leipzig

www.eva-leipzig.de

Überraschungen aus der Bibel

Christfried Böttrich/
Martin Rösel
Von Adam bis Apokalypse
Biblische Überraschungen

Paperback, 160 Seiten
ISBN 3-374-02107-7

Bei der Beschäftigung mit der Bibel gibt es ein merkwürdiges Missverhältnis: Sie ist zwar das besterforschte Buch überhaupt, doch die Resultate der theologischen Forschung werden nur selten über den Kreis der Fachleute hinaus wahrgenommen. Dabei sind die Ergebnisse nicht nur spannend, sondern auch dazu geeignet, verbreitete Missverständnisse über die Geschichte Israels und der jungen Christenheit auszuräumen.

In 22 Themenkreisen werden aus der Perspektive des Alten und des Neuen Testaments anschauliche Beispiele dargestellt, eine Zeittafel und kommentierte Literaturempfehlungen runden das Buch ab.

EVANGELISCHE VERLAGSANSTALT
Leipzig

www.eva-leipzig.de

Arbeiten zur Bibel und ihrer Geschichte

Andreas Kunz

Die Frauen und der König David

Studien zur Figuration von Frauen in den Daviderzählungen

Hardcover, 408 Seiten
ISBN 3-374-01954-4

In den Erzählungen vom König David begegnet man Frauengestalten mit einer für die Hebräische Bibel nicht selbstverständlichen Häufigkeit.

Die vorliegende Studie zeichnet die Vielfältigkeit der Darstellung von Frauen in den Daviderzählungen nach. Die literarischen Bezüge zu anderen Texten der Hebräischen Bibel werden ebenso betrachtet wie die kulturellen und literarischen Einflüsse aus den Umweltkulturen.

EVANGELISCHE VERLAGSANSTALT
Leipzig

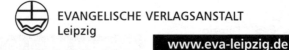

www.eva-leipzig.de